Coenraad van Houten

Erwachsenenbildung als Willenserweckung

Veröffentlichungen
der Gesellschaft für Ausbildungsforschung
und Berufsentwicklung e.V. München

Coenraad van Houten

Erwachsenenbildung als Willenserweckung

Verlag Freies Geistesleben

Die Deutsche Bibliothek – CIP-Einheitsaufnahme

Houten, Coenraad van:
Erwachsenenbildung als Willenserweckung / Coenraad van Houten. –
2., erw. und überarb. Aufl. – Stuttgart: Verlag Freies Geistesleben, 1996
(Veröffentlichungen der Gesellschaft für Ausbildungsforschung
und Berufsentwicklung e.V. München)
ISBN 3-7725-1161-9

2., erw. und überarb. Auflage 1996
© 1993 Verlag Freies Geistesleben GmbH, Stuttgart
Einband: Walter Schneider
Druck: WB Druck, Rieden

Inhalt

Vorwort

Das vorliegende Buch ist aus achtzehnjähriger Tätigkeit in der Erwachsenenbildung im Centre for Social Development am Emerson College (England) hervorgegangen sowie aus Seminaren, Kursen und Vorträgen, gehalten in vielen Ländern der Welt. Die daraus gewonnenen Erfahrungen sollen hier zusammengefaßt und anderen zur Verfügung gestellt werden.

Schon im Jahre 1980 entstand ein vierwöchiger Kurs, «Ausbilden für Ausbilder», der über einige Zeit hinweg jährlich wiederholt wurde. Die Erfahrung dabei war aber, daß Ausbilder sich nicht gerne selbst ausbilden lassen; und die Teilnehmer waren meist Menschen, die sich auf Erwachsenenbildung überhaupt erst vorbereiteten.

In den letzten Jahren kam aus Deutschland eine immer stärkere Nachfrage nach dem einwöchigen Kurs «Erwachsenenbildung als Willenserweckung». Die Teilnehmer, selbst Ausbilder, drängten hartnäckig darauf, daß die dort vorgestellten neuen Konzepte und Methoden auch aufgeschrieben wurden. Aus meiner Erfahrung wußte ich jedoch, daß ich viel lieber Seminare abhalte, als Bücher zu schreiben.

Trotzdem blieb die Nachfrage bestehen, und der Verfasser fing mühselig an, alles von Hand in deutscher Sprache aufzuschreiben, weil er «diktierend» einen zu ausführlichen Vortragsstil befürchtete. So kam dieses Buch zustande, mühsam handgeschrieben und in einer Sprache, die nicht meine Muttersprache ist.

Weil die Entwicklung neuer Konzepte, Prinzipien, Methoden und Lernprozesse während des Schreibens rasch vorwärtsschritt und ich dabei immer neue Elemente entdeckte, habe ich den Eindruck, daß vieles unfertig, unvollständig und zuwenig begründet ist. Der geneigte Leser möge mir vergeben und dabei bedenken, daß alles Unzulängliche pädagogisch wirkt und zur Korrektur, Verbesserung und Ausarbeitung herausfordert.

Wenn das Buch trotzdem verständlich und in ordentlichem Deutsch geschrieben ist, ist das meinem lieben Freund Michael Brater zu verdanken, der alles redigiert und mir viele ganz wichtige Ratschläge erteilt hat.

Wer waren meine Lehrer? Zuerst all meine Studenten, die mich wirklich immer wieder erzogen haben. Ihre Reaktionen und Auswertungen waren kostbares Lernmaterial. Zweitens meine unmittelbaren Kollegen, die in ihrer Teamarbeit für mich ausgezeichnete Erwachsenenbildner waren. Drittens waren jahrelang die internationalen Konferenzen über Erwachsenenbildung mit ihren Vorträgen, Gesprächen und dem Erfahrungsaustausch eine wichtige Inspirationsquelle. Und nicht zuletzt war die Art, wie Rudolf Steiner in den Seminaren für eine Fachausbildung vorging, eine wahre Fundgrube. Sie beinhaltete so viele Grundprinzipien und Methoden, die durch gründliche Forschung entdeckt werden konnten. An dieser Stelle möchte ich ihnen allen herzlichen Dank sagen, daß sie so viel zu meiner Ausbildung beigetragen haben.

Was wird mit diesem Buch angestrebt?

Es stützt sich auf die Überzeugung, daß Erwachsenenbildung auf dem Weg ist, ein selbständiger Beruf zu werden, und als solcher seine Daseinsberechtigung hat. Auch wird der Bedarf an Ausbildung und deshalb auch die Notwendigkeit von guten Ausbildern immer mehr zunehmen. In wirtschaftlichen und anderen Organisationen war dieser Bedarf schon lange vorhanden, aber man mußte die Trainer von überallher holen, weil es fast keine gute Ausbildung für Ausbilder gab.

Dieser neue Beruf bedarf aber einer konzeptionellen und methodischen Grundlage sowie auch eines viel tieferen Verständnisses des Lernprozesses beim Erwachsenen im Unterschied zum Lernen des Kindes. Es schien mir, daß die gegenwärtige Erwachsenenbildung das Lernen einfach weiterführt, wie es für Kinder und Jugendliche kennzeichnend ist, wodurch die eigentliche Erwachsenenbildung nicht zustande kommen kann.

Die vorliegende Schrift strebt daher an, eine Grundlage für die Erwachsenenbildung zu schaffen. Ich bin mir aber bewußt, daß dies nur ein noch unvollständiger Anfang ist.

Möge dieses Buch für viele in ihrem Beruf eine Hilfe und eine Anregung darstellen. Möge es für Erwachsene eine Unterstützung sein, ihre selbständigen Lernprozesse zu vertiefen und zu verbessern.

Auch wenn die drei im vorliegenden Buch beschriebenen Lernwege als zusammenhängendes Ganzes betrachtet werden, befaßt sich das Buch vor allem mit dem ersten dieser Lernwege: dem organisierten, in Institutionen stattfindenden Lernen des Erwachsenen. Ein zweiter Band ist beabsichtigt, der die beiden anderen Wege behandeln soll: das «Schicksalslernen» und den geistigen Schulungs- oder Forschungsweg mit jeweils ihren sieben Lernprozessen.

Eine Übersetzung des Buches ins Englische ist inzwischen erschienen.

Forest Row, Sommer 1995   *Coenraad van Houten*

Einführung

Eine Diagnose des heutigen sozialen Lebens kann uns Einsicht geben, wie es um unser Erziehungswesen, aber auch um unsere Erwachsenenbildung steht. Nur einige Symptome werden hier erwähnt:

- Die Berufsausbildungen haben einen stark konditionierenden Einfluß; die oft erst später auftretende Berufsdeformierung ist hierfür nur ein Beispiel.

- Eine Abnahme des selbständigen Urteilsvermögens wird überall festgestellt; entweder tritt sinnlose Kritik auf oder blinder Autoritätsglaube. Die Autorität der Wissenschaft macht sich nach wie vor geltend.

- Der Mensch als solcher wird immer mehr beim Unterricht ausgeschaltet, was unter anderem passives Aufnehmen zur Folge hat.

- Unverdaute innere Probleme, die nach außen projiziert werden, kann man zunehmend beobachten.

- Einseitige Spezialisierung hat viele ungünstige soziale wie persönliche Nebeneffekte.

Diese Aufzählung könnte beliebig verlängert werden. Solche Symptome und ihre Ursachen kann man aber auch in vielen kulturkritischen Schriften nachlesen. Es geht uns in dieser Darstellung jedoch nicht um Kulturkritik, sondern um eine zeitgemäße Erwachsenenbildung.

Eine zeitgemäße Erziehung für Kinder und Jugendliche bis zu

achtzehn Jahren findet man schon in der jetzt weltweit verbreiteten Waldorfschulbewegung. Das 20. Jahrhundert hat dies hervorgebracht. Eine zeitgemäße Erwachsenenbildung jedoch muß, obwohl überall schon Ansätze da sind, erst noch zum Durchbruch kommen, und vielleicht entfaltet sie sich erst im 21. Jahrhundert ganz.

Die Forderung nach einer unserer modernen Zeit angemessenen Erwachsenen- und Berufsbildung wurde schon früh gestellt. In seinen *Gesammelten Aufsätzen* (1887-1901) gibt Rudolf Steiner viele Hinweise für eine notwendige Hochschulreform. Die Forderungen nach einer eigenständigen Hochschulpädagogik wurden damals schon diskutiert. Diese Angaben hören sich ganz modern an, und man ist erstaunt, wie wenig davon am Ende des 20. Jahrhunderts realisiert worden ist. Einige davon seien hier kurz genannt:

– Aller Unterricht muß mit dem Geiste der Gegenwart erfüllt sein. Auch Geschichte und Vergangenes müssen vom Gesichtspunkt der Gegenwart aus dargestellt werden. Die Berufsbildung muß lebens- und praxisorientiert sein.

– Es ist nicht das Ziel der Dozenten, Studenten ihre Auffassung beizubringen. Es muß ersetzt werden durch einen Unterricht, der die selbständige Urteilskraft entwickelt und Fähigkeiten weckt, statt Überzeugungen zu liefern.

– Die vielen Vorlesungen könnten beträchtlich verringert werden, wenn man sich darauf beschränken würde, nur dasjenige vorzutragen, was man nicht in den vielen (spezialisierten) Fachbüchern selbst lesen kann. Der Dozent soll große leitende Gesichtspunkte bringen, so daß der Student eine persönliche Orientierung zu dem Thema erhalten kann.

– Zu stark auf fixierten Arbeitsmethoden zu beharren hindert den freien Geist an der Entfaltung seiner Individualität. Bei den Prüfungen frage man danach, was der Student leisten kann, nicht wie viele Stunden praktischer Übungen er absolviert und wie viele Vorlesungen er verfolgt hat.

- Die Zeitdauer des Studiums soll nicht auf die Leistung des Durchschnittsstudenten festgelegt sein. Viele können in ein oder zwei Jahren das absolvieren, wofür andere fünf Jahre brauchen.

- Sehr gefährlich ist es, das Hochschulwesen nach dem Muster der Pädagogik des Kindes- und Jugendalters einzurichten, denn die Unterrichtsziele sind davon grundverschieden. Die Volksschule hat die Aufgabe, den Menschen zu nichts weiter zu machen als zu einem Menschen im allervollkommensten Sinne des Wortes. Sie muß dieses Kind zum Menschen erziehen. Die Hochschulen dagegen (die Erwachsenenbildung) müssen zwei verschiedenen Gesichtspunkten gerecht werden. Einmal steht der Beruf oder die Fachausbildung im Vordergrund, wobei jede Wissenschaft eine eigene Unterrichtsmethode beinhaltet. Es darf also keine allgemeine Hochschulpädagogik geben. Zum anderen geht dieser für den Beruf ausgebildete Mensch in das praktische Leben und nimmt eine soziale Stellung ein. Da entsteht die Aufgabe, dem Studenten neben seiner Berufsbildung auch eine entsprechende höhere Bildung zu geben. Zum vollkommensten Berufsmenschen und zum Träger der Gegenwartskultur muß die Hochschule ihre Hörer machen.

- Damit wird die Einrichtung einer Hochschule, die beiden Aspekten gerecht werden kann, zur Kardinalfrage einer wirklichen Hochschulpädagogik. Dafür ist eine einheitliche Hochschule für alle Berufe (Wissenschaften und Künste) notwendig – eine «Einheitsschule», die als Mikrokosmos die Gegenwartskultur abbildet. Die dadurch entwickelte Hochschulpädagogik wird grundverschieden von aller Pädagogik der niederen Schulen sein.

In seinem Aufsatz «Hochschule und öffentliches Leben»[1] hat Rudolf Steiner diese Gedanken weiter ausgearbeitet und begründet.

Wenn man sich fragt, ob diese Forderungen nahezu einhundert Jahre später einigermaßen realisiert sind, muß man enttäuscht feststellen, daß die Tendenzen in eine andere Richtung gehen.

An unseren Hochschulen wird immer mehr selektiert und verfrüht spezialisiert, also nicht das allgemein Menschliche entfaltet.

Hochschulen sind keine einheitlichen Ausbildungsstätten, sondern meistens in sich abgeschlossene Fachschulen, an denen von einer unsere Kultur fördernden allgemeinen Menschenbildung wenig zu spüren ist. Soziologen stellen fest, daß die selbständige Urteilsbildung schwindet, die Beeinflussung von außen an den Hochschulen zunimmt, die Ausbildungen immer länger werden, rein fachorientiert sind usw.

Die weltweite Revolution der Studenten in den sechziger Jahren zeigte, daß etwas im Universitätsbetrieb grundfalsch war. Professoren wurden als Fachidioten beschimpft. Ein Unterricht, der Wissenschaften als wertfrei behandelte, obwohl die wissenschaftlichen Erfindungen verheerende soziale Auswirkungen hatten, wurde schwer verurteilt. Wer, wie der Verfasser, in Tübingen mit Studenten damals gearbeitet hat, konnte alsbald die sogenannte «Uni-Neurose» bei den meisten feststellen. Eine starke Abneigung gegenüber dem, was die Universität veranstaltete, ja sogar ein Haß darauf, wurde bereits nach wenigen Übungen ersichtlich.

Die Abnahme der freien, selbständigen Urteilsbildung und die Beeinflussung der öffentlichen Meinung läßt sich zwar auch der Wirkung der Medien zuschreiben. Darauf muß man aber erwidern, daß eine lebens- und kulturgerechte Erwachsenenbildung schon längst die geeigneten Lernformen gefunden hätte, um dem entgegenzuarbeiten und das freie Geistesleben zeitgemäß zu pflegen.

Als Beispiel seien die Aussagen zweier Professoren erwähnt, die mich sehr beeindruckt haben.

Ein Professor des Zivilrechts erzählte, daß er viele Jahre seinen Studenten alles beibrachte an Theorie und Praxis, was sie für ihre heutige Rechtsausübung brauchten. Während all der Jahre stand das dahinterliegende Menschenbild dieses Rechtssystems nicht zur Diskussion, sie nahmen es einfach hin. Kein Wunder, so sagte er, daß wir «hochkonditionierte» Juristen und Richter «abliefern», die nie gelernt haben, ihr eigenes (oft verborgenes) Menschenbild in Frage zu stellen.

Ein anderer Professor, Dekan einer Technischen Hochschule, erzählte, daß er oft Diplome an Ingenieure aushändigen mußte, weil sie die Prüfungen bestanden hatten, obwohl er überzeugt war, daß sie keine echten Ingenieure waren. Gefragt, was er mit «echten

Ingenieuren» meine, beschrieb er, was für eine kulturelle und soziale Verantwortung Menschen hätten, die an der Spitze der wissenschaftlichen Forschung und Technologie stehen; in ihrer Ausbildung seien sie aber gar nicht darauf vorbereitet worden, solche Verantwortung zu tragen. Viele werden Führungskräfte, haben aber nie gelernt, ihre Mitmenschen zeitgemäß zu führen. Also fehlt es auch hier an der allgemeinen Menschenbildung.

Man könnte noch viele Beispiele anführen, die den heutigen Stand unserer Erwachsenenbildung illustrieren. Die Kardinalfrage nach einer zeitgemäßen Erwachsenenbildung bleibt – eine Erwachsenenbildung, die als eigenständiger Beruf begriffen wird.

Der erste Teil dieser Schrift bringt Grundprinzipien, die sich auf viele Arten anwenden lassen. Der Leser kann je nach Bedarf sein Augenmerk auf einige dieser Grundprinzipien stärker und auf andere weniger stark richten. Es wurde hier keine vollständige Aufzählung angestrebt. Im Gegenteil – hoffentlich werden viele weitere Prinzipien in der Zukunft gefunden werden.

Der zweite Teil bezieht sich vor allem auf Lernformen. Auch hier bedarf die Erwachsenenbildung dringend neuer Wege. Wahrscheinlich stehen wir in diesem Bereich erst an einem Anfang. Viele Formen des Ausbildens finden jetzt schon außerhalb der Ausbildungsinstitutionen statt, die Praxisarbeit begleitend oder als Ausbildungsweg in bestimmten dafür ausgewählten Projekten.

Der dritte Teil beschreibt einige Formen der Anwendung und spezifischere Themen. Das Kapitel 15 über die Ausbildung von Ausbildern müßte eigentlich viel ausführlicher dargestellt werden. Dies bleibt der Zukunft überlassen.

Teil 1: Sechs Hauptprinzipien

1.
Erwachsenenbildung als Willenserweckung

Jede Ausbildung hat mehr oder weniger definierte Sonderziele. Hier hingegen wird versucht, einige Grundprinzipien zu beschreiben, die in jeder Erwachsenenausbildung von Bedeutung sein können. Zwar wird die Richtung in jedem Ausbildungsprogramm etwas verschieden sein; trotzdem haben all diese Grundprinzipien ihr Daseinsrecht. Und alle beruhen darauf, daß die Erwachsenenbildung als eine Willenserweckung angesehen wird.

Nun aber zuerst einige Gedanken über die allgemeine Zielsetzung einer modernen Erwachsenenbildung.

1.1. Ziele der Erwachsenenbildung

Lernen, sich entwickeln, sich ändern gehören zusammen, sind drei Aspekte eines Vorganges, der lebenslang das Menschsein des Menschen konstituiert und der nie «von allein» abläuft, sondern vollwillentlich stets von neuem aufgerufen werden muß.

Während einer Konferenz von Ausbildern, die sich jährlich trafen, um Grundsätze der Erwachsenenbildung zu erforschen, kam selbstverständlich auch die Frage auf: «Was tun wir eigentlich, wenn wir Erwachsene ausbilden? Sind wir Lehrer gegenüber Schülern, Wissensvermittler, Dozenten, Begleiter eines Ausbildungsweges, Trainer, Gelehrte ...? Was sind wir?» Jeder der Begriffe ist schon altmodisch und trifft nicht das Wesentliche der Erwachsenenbildung. Da fiel plötzlich ein Ausspruch, der zu einem Leitsatz wurde: «Ausbilder sind eigentlich Willenserwecker!»

Alles Lernen beruht auf Überwindung von Widerständen, auf

Anstrengung; beim Lernen des Erwachsenen geht es um den selbständigen Willen. Der Ausbilder soll ein Willenskünstler sein. Inhaltsvermittlung ist wichtig, auch Gefühlserziehung und Willensdisziplin. Aber bei alledem geht es doch hauptsächlich darum, den selbständigen Willen zu erwecken – den Willen, zu lernen!

Dieser «selbständige» Lernwille hängt zusammen mit der Natur des menschlichen Ich, das willensverwandt ist. F. W. Zeylmans van Emmichoven beschreibt zwei Charakteristika des menschlichen Ich: Es ist unerbittlich und unerschöpflich. Rudolf Steiner nennt es «wirkender Wille». Der Wille aber erscheint zuerst als körpergebundene Lebenskraft oder -energie. Die Verbindung des Ich mit diesem in erster Linie biologisch gebundenen Willen scheint schwierig zu sein. Wie bringt man die beiden im Erwachsenenunterricht zusammen?

Die Verbindung von Ich und Wille lebt in dem Element der Wärme. Es gibt körperliche Wärme, die alle leiblichen Aktivitäten begleitet, es gibt aber auch eine ursprüngliche, geistige Wärme, die entsteht, wenn das Ich Begeisterung für etwas Schönes, Wertvolles, Wahres, Gutes etc. entwickelt. Das Ich lebt in der Wärme, aber es erzeugt auch Wärme. Es ist eine jugendliche Wärme, die durch Ich-Aktivität entsteht, ein Produkt der Begeisterung. Wenn dann diese Begeisterung zum Tätigsein führt, verbinden sich Ich und Wille. Tätigsein für etwas, das uns wirklich begeistert, ist schon Willenserweckung!

Wie wir sehen werden (in Kapitel 5), besteht ein wesentlicher Teil des Lernprozesses darin, den «Wärmeprozeß» anzuregen.

Wir werden im Lernen hier unterstützt von drei Trieben, die meistens ziemlich unbewußt, als biologisch gebundener Wille, in jedem Menschen walten. Es sind der Erkenntnistrieb, der Entwicklungstrieb und der Verbesserungstrieb.

Der *Erkenntnistrieb* ist der bewußteste. Die Welt erscheint in erster Linie als ein Rätsel, fremd und unbekannt. Um uns aus unserem Gefühl der Isolation zu befreien, sind wir herausgefordert, die Brücke zu finden und die Welt und uns selbst zu verstehen. Wir scheinen zur ewigen Unzufriedenheit geboren – der Erkenntnistrieb erwacht in uns und läßt uns nie wieder los. Rudolf Steiner beschrieb es einmal so: Erkennen ist ein fortwährendes Hineinwachsen in den Weltengrund. Ein kontinuierlicher Prozeß also, dem der Erkenntnistrieb zugrunde liegt.

Der *Entwicklungstrieb* ist eine Grundkraft der Seele, diese immer wieder formend und umformend. Durch Polarität, Steigerung und Metamorphose schreitet der Mensch durch die Lebensphasen seiner Biographie. Dies bedeutet, daß man mit 45 Jahren bereits anders lernt als mit 25 Jahren. Dieser Wille, sich entwickeln, sich fortwährend ändern zu wollen, lebt als eine treibende Kraft innerhalb des Lernprozesses.

Der dritte im Bunde, der *Verbesserungstrieb*, ist am verborgensten; er ist aber da. Es ist die Empfindung, daß alles besser gemacht werden kann. Die perfekte Handlung gibt es nicht. Alles ist unzulänglich. Tief in uns lebt das Wissen, daß wir immer auf dem Weg sind und noch lange nicht das voll entwickelte Menschentum erreicht haben. Oft kommt im Rückblick auf unser Handeln die Empfindung auf: Es hätte alles besser gemacht werden können; das nächste Mal werden wir es besser ausführen können.

Nun steht der Ausbilder vor der Frage, wie er diese drei Triebe im Menschen erwecken kann. Das wird seine Hauptaufgabe sein, und sie verlangt eine entsprechende Didaktik: eine Didaktik, die den selbständigen Lernwillen weckt; einen Lernwillen, der durch diese drei Grundtriebe fortwährend genährt wird. In Kapitel 13, «Lernen zu lernen», wird weiteres darüber ausgeführt.

Diese drei Triebe hängen nun aber auch mit dem zweiten Ziel der Erwachsenenbildung zusammen. Ein erwachsener Mensch zeichnet sich durch Selbständigkeit, innere Autonomie und originäres Handeln aus; er stützt sich dabei auf eigene, selbständige Urteilsbildung.

Es wäre angebracht, unsere Ausbildungsstätten und Unterrichtsmethoden einmal gründlich unter der Fragestellung zu prüfen: Hat die Ausbildung die selbständige Urteilsfähigkeit entwickelt und gefördert? Oder wurden begriffliche Modelle, Methoden, Fertigkeiten etc. fest eingeprägt, was dann später zu der bekannten Berufsdeformation führt?

Das selbständige Urteilsvermögen muß Grundlage der Erwachsenenbildung werden. Aber wie erreicht man das? Das Kapitel 14 wird darauf näher eingehen.

Die beiden Hauptziele, Willenserweckung und Förderung selbständiger Urteilsbildung, werden uns durch dieses Buch weiter begleiten. Unsere heutige Zeitlage sowie unsere heutige Seelenverfassung verlangen solche Ziele; eine zeitgemäße Erwachsenenbildung muß den Anforderungen der Gegenwart gerecht werden.

In jedem Menschenleben gibt es innere Krisen, Augenblicke, in denen man nicht mehr ein noch aus weiß. Das Denken versagt, das Gefühlsleben fließt ziellos hin und her, der Wille scheint paralysiert. Man ist ratlos. Aber diese Ratlosigkeit ist der wichtigste Moment für die menschliche Entwicklung. Denn ohne Ratlosigkeit werden wir innerlich nicht aktiv, fangen wir nicht an zu fragen: warum und wozu?

Unser 20. Jahrhundert ist in dieser Beziehung ein großer «Ausbilder» für Erwachsene. Alle Selbstverständlichkeiten, Sicherheiten stürzen und verschwinden, eine nach der anderen. Das Vertrauen in unsere Mitmenschen, in die Zuverlässigkeit der Regierungen, in die Ehrlichkeit der Menschen, ja selbst das Vertrauen in die Sicherheit des eigenen Denkens ist geschwächt. Zweifel, Haß und Angst leben in jeder Seele. Eine «innere» Sicherheit kann man nur in sich selbst finden, wenn diese durch die eigene Willensanstrengung erweckt wird. Der Zeitgeist verlangt eine Willenserweckung, und daher muß es zum Ziel jeder Erwachsenenbildung werden, diese selbständige Willenserweckung als Grundprinzip jeder Ausbildung gelten zu lassen und zu fördern.

2.
Die drei Barrieren des Lernens

Wenn wir lernen, verändern wir uns. Beim Lernen tauchen aber auch drei Barrieren auf, die hauptsächlich in unserer Denktätigkeit, in unserer Gefühlswelt und in unserer Willensaktivität im Handeln erlebbar sind. Diese drei Widerstände werden unterschiedlich erlebt: als eine unüberwindliche Barriere, als ein Abgrund, der Angst verursacht, als ein starkes Gefühl von Antipathie oder Kraftlosigkeit. Dieses Erleben ist oft begleitet von dem Gefühl der Unzulänglichkeit, der Minderwertigkeit, der Schwäche etc. Deshalb ist eben Mut notwendig – Mut, sich diesen Gefühlen zu stellen, sie anzuschauen und richtig zu erkennen. In diesem Prozeß erfahren wir, daß eine imaginative Betrachtungsweise ein viel tieferes Verständnis der Gefühle ermöglicht als eine analytisch-intellektuelle. Unsere Gefühlswelt ist nach zwei Seiten hin orientiert, dem Gedankenleben und dem Willensleben, und darum ist es wichtig zu lernen, wie man problematische Gefühle mit imaginativem Denken durchleuchten kann und wie man mit dem Willen die positiven Gefühle verstärken kann.

In der Überwindung der drei Barrieren findet nun aber die tatsächliche Veränderung – das wesentliche Lernen – statt: Man versteht oder durchschaut etwas, was vorher unbegreiflich war. Man hat seine Gefühlswelt veredelt, vertieft oder bereichert; oder man hat sich eine Fähigkeit oder eine Fertigkeit angeeignet, die vorher nicht da war.

Die Erwachsenenbildung und -ausbildung sollte erkennen, daß es sich hier um drei gleichberechtigte Lern- und Entwicklungsprinzipien handelt und daher auch ein Auseinandersetzen mit allen drei Barrieren notwendig ist. Jede Ausbildung, die die Arbeit an einer der drei Barrieren überbetont, bringt den Menschen aus dem Gleichgewicht, verbunden mit unzähligen Gefahren.

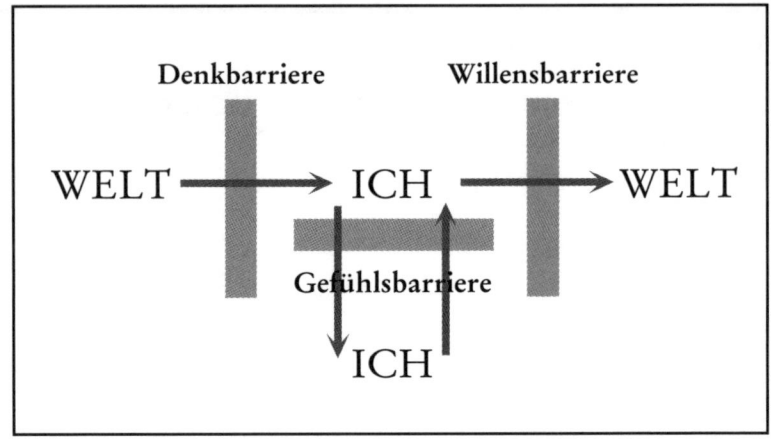

Schema 1

Intellektuelle Überbetonung ohne die korrigierende Beziehung zum praktischen Handeln, Antrainieren von Fertigkeiten ohne wirklich erkennendes Verständnis sowie Intellektualisierung und bloßes Antrainieren zusammen, ohne das einschätzende, bewertende, verbindende, persönliche Element des Gefühlslebens mit einzuschließen, führen zu fragwürdigen Deformationen, zu Verhärtungen, zu Einseitigkeiten und zur Beeinträchtigung des eigentlichen, vollmenschlichen Lernprozesses.

Es ist außerordentlich notwendig, jede Ausbildung, ja jeden Lernprozeß um dieses Prinzip des Arbeitens an der dreifachen Barriere zu erweitern. Tut man das, dann wird man zu erstaunlichen Entdeckungen kommen können. Dieses Gleichgewicht in der Arbeit an den drei Barrieren zu erreichen ist um so schwieriger, als jeder Mensch zu einer Überbetonung einer dieser drei Barrieren neigt. Ein intellektuell begabter Mensch beispielsweise wird versucht sein, die Gefühlsbarriere zu ignorieren und konkretem Üben aus dem Weg zu gehen, während ein «Tatmensch» es vorzieht, sich nicht mit Theorie zu belasten. Daher können Ausbilder unter Umständen eine einseitige Veranlagung noch verstärken, anstatt durch die Art ihres Unterrichtens ausgleichend und harmonisierend zu wirken. Deshalb wird es eine gesundende Wirkung hervorrufen,

28

dieses «Barrieregleichgewicht» in der Erwachsenenbildung anzustreben. In der Tat erzeugt das fortwährende Ringen mit diesen drei Widerständen die höchsten geistigen Fähigkeiten. Wir wollen jedoch nun die drei Barrieren etwas genauer untersuchen.

2.1. Die Denkbarriere

Die Denkbarriere befindet sich zwischen dem Verstehen der Welt und dem Ich. Sie ist wie eine Schwelle, die uns den Zugang zur geistigen Wirklichkeit der Welt verbaut. Meine Denkmodelle – reduktionistische oder begriffliche Modelle – eröffnen mir im besten Falle einen Teil der Wirklichkeit, decken aber dabei andere Realitäten zu. Der erkennende Mensch begegnet immer neuen Rätseln, wobei er seine kognitive Blockierung entdecken kann. Leider versucht der moderne Mensch in seiner Arroganz, der Welt seine Denkdisziplin aufzuzwingen. Viel ist schon über diese Schwelle geschrieben worden; die ganze Erkenntnistheorie zeugt davon. Deshalb sollen hier wenige Andeutungen genügen über die Aufgaben zur Arbeit an der Denkbarriere:

– Eine fragende, erforschende Grundhaltung gegenüber allen Erscheinungen statt einer passiven Aufnahme der Wissensvermittlung ist nötig.

– Es bedarf der Einsicht, daß ich mich ändern muß, damit das Wesen der Welt seine Wahrheit mir offenbaren kann; der Glaube an die – eigene – einzig richtige Methode ist irreführend.

– Man muß die Fähigkeit der objektiven Beobachtung mit allen zwölf Sinnen genauso pflegen wie die Entwicklung des Denkvermögens; nur die beiden zusammen können zur Wahrheit führen.

– Lerne zu unterscheiden zwischen dem, was du weißt, und dem, was du verstehst! Frage dich: Was habe ich nur übernommen, und was ist mein Eigentum? Man entdeckt dann, daß man die beiden anderen Schwellen auch überschreiten muß, um zum Erkennen der vollen Wahrheit zu kommen.

In der Praxis merkt man, daß fast jeder Mensch die Wirklichkeit anders erlebt. Es gibt Menschen, die nur an Konkretes herangehen können. Für andere ist das mehr abstrakte Vorgehen eine Wirklichkeit. Wieder andere beharren auf einer nur analytischen oder nur synthetischen Methode. Es gibt sogar Menschen, die es schwierig finden, Bildhaftes zu verstehen; sie erleben dies als beängstigend, nebulös oder als Schwärmerei. Beschreibende Darstellungen seien keine Wissenschaft. Definieren sei das einzige, was Hand und Fuß habe, so wird behauptet. Andere dagegen machen geltend, daß Definitionen ein Mittel seien, mit dem man fehlende Einsicht verberge.

Durch Veranlagung oder Erziehung sind wir alle einseitig geformt und schaffen uns unsere eigenen Denkbarrieren.

Der Ausbilder kann nie alle zufriedenstellen, weil eben jeder eine andere Denkart hat. Das nun aber verlangt von ihm, ein Berater für Probleme an der Denkschwelle zu werden – ein Berater, der uns hilft, unsere Einseitigkeiten zu überwinden.

Erstens soll er mit dem Lernenden zusammen die Blockierungen feststellen, zweitens dann das spezifische Vorgehen zu deren Überwindung angeben und drittens den Übungsweg des Lernenden begleiten. Dabei lernt dieser, sich immer offener (ohne Barrieren) der Welt gegenüberzustellen, damit sich ihre Wahrheit in ihm aussprechen kann (vgl. Schema 1).

In der geisteswissenschaftlichen Literatur findet man eine Menge Angaben, wie wir unsere Denkfähigkeiten entwickeln können, zum Beispiel Rudolf Steiners Vortrag *Praktische Ausbildung des Denkens*.[2]

Für den Erwachsenen ist es heute weit wichtiger, Hilfe zu bekommen, um mit den Denkbarrieren umgehen zu können, als viel Inhalt nur mangelhaft und passiv aufzunehmen.

2.2. Die Gefühlsbarriere

Die Gefühlsbarriere befindet sich zwischen dem Ich und dem Verstehen von sich selbst. Sie ist kein Welt-Ich-Verhältnis, sondern ein Ich-Ich-Verhältnis. Im Handeln dagegen geht es, wir wir sehen werden, um ein Ich-Welt-Verhältnis.

Der Mensch will sich selbst verstehen, in erster Linie seine Gefühle. Alles Empfindungsmäßige, Erlebnisse, Abneigungen, Zuneigungen, gibt sich beim Lernprozeß in Gefühlen kund. Man begegnet dabei einer Schwelle, einem Widerstand, der sich in Gefühlen äußert. Sich diesem Widerstand nun erkenntnismäßig, ja sogar mit dem Willen zur Veränderung zu nähern scheint für viele Menschen besonders schwierig zu sein. Auch den Ausbildern merkt man in diesem Bereich eine große Hemmung an, mit der gleichzeitigen Abneigung, die Gefühlsbarriere als wesentlichen Teil des Lernprozesses zu betrachten. In der Praxis hört man oft: «Das ist zu subjektiv!» – «Zu persönlich!» – «Man muß Erwachsene völlig frei lassen!» – «Seelenschwamm» – «Egoistisches» – «Persönlich-Intimes»; sogar von «ungesunder Seelensuppe» und ähnlichem ist die Rede. Es zeigt sich nur dabei, daß die Ausbilder selbst große Schwierigkeiten mit ihrer eigenen Gefühlsbarriere haben. Hier steht der Ausbilder vor seiner eigenen Schwelle. Trotzdem scheint es mir, daß es für den in der Erwachsenenbildung Tätigen die allerwichtigste und auch am häufigsten vernachlässigte Aufgabe ist, einen schöpferischen Weg zu finden, wie man mit dieser persönlichen Gefühlsbarriere fertig wird, die all unsere Lernprozesse ständig begleitet.

Zwei Grundelemente des Lernens, die Tätigkeiten der «erlebenden» Seele und der «urteilenden» Seele, spielen sich in der Mitte ab. Ein Lernprozeß, mit dem man sich nicht persönlich, erlebend verbindet, kann nicht zur menschlichen Entwicklung beitragen; ein Lernprozeß ohne ein selbständig urteilendes Verhalten kann das auch nicht. Eine ausführliche Darstellung der erlebenden und urteilenden Seele, über deren Ursprung und Zusammenhang findet man in dem Buch von F. W. Zeylmans van Emmichoven: *Die menschliche Seele*[3]. (Siehe auch das Schema 1.)

Bei dem Überwinden der Gefühlsbarriere geht es nicht so sehr um einen Durchbruch wie beim Denken oder um eine Mutprobe wie beim Wollen, sondern um ein Sich-Verwandeln. Die eigentliche Entwicklung findet hier im Gefühlsleben statt. Inakzeptable Gefühle kann man nicht mit Gewalt unterdrücken, aber auch nicht ohne weiteres ausleben. In beiden Fällen findet keine Verwandlung statt. In der Literatur über Erwachsenenbildung wird wenig über

den Lernweg zur Selbsterkenntnis angegeben. Aber in der geisteswissenschaftlichen Literatur findet man sehr viel über die innere
oder geistige Entwicklung, da die Gefühlsbarriere die eigentliche
innere Schwelle zur geistigen Welt ist.

In verschiedenen anthroposophischen Ausbildungen wird oft
«Menschenkunde» als begleitendes Fach gegeben. Das ist zwar
hilfreich, doch ungenügend, wenn es nicht zur persönlich erleb-
ten Selbsterkenntnis führt. Der Ausbilder kann nicht umhin, er
muß sich vertraut machen mit dem Wesen der Schwelle – der
Schwelle zwischen dem bewußten und dem unbewußten Seelen-
leben –, das sich in all unseren Gefühlen, welche Teil unseres
Lernprozesses sind, manifestiert. Gerade weil der Ausbilder hier
die persönliche Sphäre berührt, ist eine freundschaftliche, verstehende Haltung notwendig, die nicht tadelt, verurteilt, Vorwürfe
enthält oder zurechtweist. Das ist aber nur möglich, wenn er in
seinem eigenen Gefühlsleben eine gewisse Reife erlangt hat,
indem er sich bereits anfänglich erarbeitet hat, das Lernen zu
lernen.

Die Arbeit an allen drei Barrieren führt den lernenden Erwachsenen zur Selbsterkenntnis. Wachsendes Verständnis seiner selbst ist
ein grundlegender Bestandteil im Lernprozeß des Erwachsenen.

Es seien hier wieder einige Ansätze dafür angegeben:

- Alle Beteiligten im Lernprozeß müssen einsehen, wie wichtig es
  ist, die endlosen Gefühlswiderstände konstruktiv und lernend
  zu betreuen. Jede nicht oberflächliche Gefühlsregung ist wichtig
  und wesentlich, will etwas aussagen, muß ernst genommen und
  erforscht werden, bis man die «Botschaft», die sich ausdrücken
  will, dem Lernprozeß eingliedern kann.

- Ein gründliches Verständnis für die Stufen unserer biographischen Entwicklung ist notwendig, ebenso eine Vorstellung von
  der Art und Weise, wie unsere Seele sich von Krise zu Krise
  weiterentwickelt. Das schließt das Lernen durch unsere Gefühle
  mit ein. Dies ist ganz wesentlich, um einen Lernprozeß herbeizuführen, der die gesamte Persönlichkeit mit einbezieht.

– Der Ausbilder muß helfende Gespräche führen können; dabei ist die wichtigste Eigenschaft das wirkliche, wahrnehmende Hinhören. Zur Schulung des Ausbilders gehört die Übung des «helfenden Gespräches». An vielen Ausbildungsstätten hört man immer wieder von den Studenten, daß sie einfach niemanden finden, mit dem sie ein persönliches Gespräch führen könnten. Aber auch der Student selbst muß lernen, solche Gespräche zu führen. Es muß betont werden, daß mit diesem «helfenden Gespräch» keine Psychotherapie gemeint ist.

– Ein gewisser Mut ist nötig, um dieses heikle Gebiet zu betreten. Die Erfahrung zeigt, daß unter dieser Gefühlsschwelle viel Peinliches und Unangenehmes liegt, aber auch sehr viel unerwartet Schönes und Positives. An der Gefühlsschwelle zu arbeiten bringt meistens Befreiung und ein Stück innere Reife.

– Die Erfahrung, daß unser Gefühlsleben uns zu Wissen und Verstehen befähigen kann, sollte uns in dem Wunsch befeuern, durch diese Erziehung unseres Gefühlslebens hindurchzugehen.

Es sei nochmals hervorgehoben, daß die erwähnten Ansätze sowohl für den Ausbilder als auch für den erwachsenen Lernenden gelten.

2.3. Die Willensbarriere

Wie schon angedeutet, geht es bei der Willensbarriere um das Verhältnis zwischen dem Ich und der Welt. Das Ich will etwas in der Welt tun; es will gestalten, umformen, ausprägen, etwas vollbringen, und dabei tritt ihm ein Widerstand im Bereich des Willens entgegen. Obwohl es viele Menschen gibt, die durch das Tun lernen, die «etwas erkennen durch das tätige Erfassen der Welt» (Rudolf Steiner), die einen sogenannten Entdeckungsweg gehen oder experimentelles Vorgehen bevorzugen, so zeigt aber doch die Beobachtung vieler Ausbilder, daß an dieser Schwelle sehr häufig eine Willenslähmung auftritt.

Es wird zwar noch Neues aufgenommen, es werden auch Tätigkeiten vollzogen, die aber vorgegeben sind und als typisch für das technische Zeitalter erscheinen. Diese Verrichtungen darf man nicht mit «Aktivsein» verwechseln, denn sie schließen die bewußte Lenkung durch das Ich aus, bei dem sich folglich die Fähigkeit verringert, den Willen selbst zu ergreifen. An diesen regulierten Tätigkeiten zeigt sich in unserer Zeit vielmehr eine Lähmung unseres Willenslebens, die verhindert, aktiv an die Widerstände im Gedanklichen, Gefühlsmäßigen und Willensmäßigen heranzugehen. Es besteht die Tendenz, daß wir in unserem Lernen vorbestimmt werden und unser Lernprozeß nicht mehr selbständig ist.

Der Grundcharakter des Willenswiderstandes ist Furcht, die weitgehend im Verborgenen haust. Es ist eine Furcht im Willen, die sich oft als Ängstlichkeit im Gefühlsleben und als Unsicherheit im Vorstellungsleben äußert. In den Ausbildungsstätten hört man oft, daß der gesuchte Lernwille zu schwach sei, daß die Studenten zu wenig Durchhaltekraft zeigten, daß zu schnell aufgegeben und den Schwierigkeiten lieber aus dem Weg gegangen werde, man lieber Zuschauer bleibe, daß man sich nicht mit etwas verbinden könne und nur tue, was einem emotional gefalle und so weiter.

Es ist die Furcht, die alledem zugrunde liegt, und sie nimmt mehr und mehr zu. Früher war es noch die Todesangst, die den Menschen lähmte; heute aber ist es bereits Lebensangst und Zukunftsangst. Schließlich wird die Furcht vor zerstörerischen Kräften im eigenen Innern zunehmend sichtbar, die den stärksten Einfluß ausüben kann.

In der Willensregion liegt also die Hauptproblematik darin, den Mut zum Lernen, Sich-Ändern und Sich-Entwickeln aufzubringen. Daher ist es die Hauptaufgabe des Ausbilders, ein Willenserwecker zu werden, der die Angst überwinden hilft und zum Mut führt. Die tiefliegenden und mannigfaltigen Phänomene der Furcht müssen zu Erziehern des Mutes werden.

Als Zwischenbemerkung sei erwähnt, daß bei dem üblichen Antrainieren von Fertigkeiten, bei dem genau vorgeschriebene Abläufe eingeübt werden, diese Angst nicht auftritt; sie wird verdeckt. Sobald aber eine selbständige Entscheidung verlangt wird, macht sich diese Angst dann bemerkbar. Deshalb findet man an vielen Ausbildungsstätten die Neigung, äußere Sicherheiten einzubauen sowie vorgeschriebene und genau geplante Lernvorgänge zu organisieren. Daß dabei der Mensch von außen bestimmt wird und keine Willenserweckung stattfindet, läßt sich leicht einsehen.

Hier einige Angaben, wie der eigenständige Lernwille erweckt werden kann:

– Durch künstlerische Tätigkeiten kann man viel erreichen, da sie das schaffende, kreative Element im Menschen ansprechen und die Seele tief mit Ton, Farbe, Klang, Wort, Bewegung etc. verbinden.

– Wir haben auch oft feststellen können, daß Gruppenarbeit ein starkes Engagement aufruft, besonders bei Lerngruppen. Die Gruppe kann oft besser den Willen in Bewegung bringen, als wenn man nur allein arbeitet.

– Auch mit Projektarbeiten als Lernmethode sind gute Ergebnisse erzielt worden.

– Aber auch die Struktur des Lernvorganges selber wirkt auf den menschlichen Willen: Eine Darstellung, die sich auf den Inhalt beschränkt, ruft Antipathie hervor, die persönlichen Elemente hingegen verbinden. Die Struktur des Lernvorganges aber hat Einfluß auf den Willen. Sie muß man deshalb bei längeren Kursen auch besonders beachten.

In Kapitel 8 findet man Näheres zu diesen vier Angaben ausgeführt.

Zusammenfassend können wir sagen, daß es der Erwachsenenbildung ein Hauptanliegen werden sollte, die drei Lernwiderstände als gleichberechtigt anzuerkennen, sie im Gleichgewicht zu handhaben und konkret Hilfe und Beistand zu ihrer Bewältigung zu geben. Man könnte auch sagen: Die Erwachsenenbildung muß den *ganzen Menschen* im Lernprozeß ansprechen.
Mit einer kleinen Übung möchten wir dieses Kapitel abschließen.

- Man frage sich selbst: Welche Widerstände erfahre ich während meiner Lernaktivitäten? Welche sind am stärksten und welche am schwächsten: Hemmnisse im Vorstellungsleben – im Gefühlsleben – in meinen Willensaktivitäten?

- Sind diese Stärken und Schwächen eine natürliche Veranlagung, sind sie mir anerzogen worden, oder sind sie als spezifische Antworten auf Lebenserfahrungen erwachsen?

Die zweite Frage kann nach dem nächsten Kapitel noch besser beantwortet werden.

Nehmen wir diese beiden Fragen als Arbeitsgrundlage, so können wir eine tiefere Einsicht über die Art unseres Lernens erhalten.

3.
Die drei Lernwege

Eine genaue Untersuchung darüber, wie und wo das Lernen im menschlichen Leben stattfindet, läßt uns drei ganz verschiedene Lerngebiete und – wie wir nun sehen werden – auch drei verschiedene Lernwege entdecken.

Das bekannteste der drei Gebiete ist die *organisierte Lernsituation*: charakterisiert durch den Lehrer, das Lernziel und einen bestimmten vorgeplanten Lehrgang, durch welchen das Ziel erreicht werden soll. Fragt man sich jedoch, ob dies die einzige Form des Lernens ist, die stattfindet, dann kommt man zu der erstaunlichen Entdeckung, daß ein ganz großer Teil des menschlichen Lernens außerhalb des Schulzimmers stattfindet, scheinbar ohne Planung, ohne Ziel, ohne Lehrer. Man sieht sich oft in Lebensumständen, denen man gerecht werden muß. Sie fordern uns heraus, und wir müssen mit ihnen fertig werden. Wie oft hört man, daß die Praxis der beste Lehrmeister sei oder daß das Schicksal uns vor Prüfungen stelle, durch deren Überwindung ganz neue Fähigkeiten, eine beachtliche menschliche Reife oder tiefe neue Einsichten gewonnen würden! Dieses zweite Lerngebiet könnte man «*Lebenslernen*» oder «*Schicksalslernen*» nennen.

Dann gibt es noch ein drittes Lerngebiet, das nicht so offensichtlich ist wie die beiden anderen, jedoch schon immer da war und heute immer aktueller wird. Es ist der *innere Schulungsweg*. Er kann Fähigkeiten in uns entfalten, die es uns ermöglichen, die geistige Welt zu verstehen und in sie einzudringen, das heißt jenseits der Schwelle des normalen Tagesbewußtseins in den höheren Welten zu leben und zu forschen. Das war in frühen Kulturen der Menschheit immer der wichtigste Lernweg. Der Kürze wegen werden die drei Lernwege hier «Schullernen», «Schicksals-» oder «Lebenslernen» und «geistiger Schulungsweg» genannt.

3.1. Das «Schullernen»

Wie bereits erwähnt, findet das «Schullernen» in einer organisierten Lernsituation statt: an Ausbildungsstätten, an Universitäten, an Fachausbildungsstätten, in einem Seminarraum, in einem Klassenzimmer; ja, selbst im Betrieb während der Arbeit wird oft kurz eine Lernsituation eingeschoben.

Ein sogenannter Lehrgang, in Stufen, Unterrichtsstunden, in Tage, in Wochen, Monate, Jahre eingeteilt, findet statt. Es ist also ein bewußt geplanter Lernprozeß als Zeitablauf. Ob ganz frei oder sehr festlegend geplant, einen Zeitplan für den Lehrgang gibt es immer.

Dieser Lernprozeß wird von Ausbildern, Lehrern, einer Fakultät etc. betreut, die man für fähig hält, Erwachsene etwas zu lehren.

Die Lernziele sind außerordentlich vielfältig: Wissenschaftliches, Künstlerisches, spezifische Fachausbildungen, allgemeine menschliche Bildung, kurze Kurse, die bestimmte Fähigkeiten ausbilden sollen und so weiter. Ein Lernziel ist also immer da, sonst hat das ganze Verfahren keinen Sinn.

Zusammengefaßt:

- *Eine organisierte Lernsituation wird geschaffen.*
- *Ein Lehrgang, ein Lernprozeß in der Zeit findet statt.*
- *Das Schullernen wird von Ausbildern vermittelt.*
- *Das Schullernen hat ein bewußt vorgegebenes Lernziel.*

3.2. Das «Schicksals-» oder «Lebenslernen»

Wie findet nun «Schicksalslernen» statt?

- Die Lernsituation ist das Leben selbst, scheinbar unorganisiert, zufällig, unwillkürlich. Jeder Mensch steht fortwährend vor einer Diskrepanz zwischen seinen inneren Fähigkeiten, Stärken und Schwächen und dem, was ihm als Notwendigkeiten, Fragen, Herausforderungen des Lebens entgegentritt. Das ist die Situation seines «Schicksalslernens». Wenn man an jedem Tag abends einmal zurückschaut, was man heute hat lernen können, dann fällt einem auf, wie ungeheuer lehrreich dieses «Lebenslernen» sein kann.

– Will man den «Lehrgang» des «Schicksalslernens» verstehen lernen, so ist das Studium von Biographien eine geeignete Methode:

Welches Lebensthema zeigt sich in der Biographie?

Welche Problematik wiederholt sich?

Welchen Kräften in mir verdanke ich die glücklichen und unglücklichen Umstände, die ich durchgemacht habe?

Welche Menschen haben zu meiner Entwicklung beigetragen – bewußt oder auch unbewußt?

Wenn wir uns dies fragen, dann werden wir merken, daß man eine Ahnung bekommt vom Lehrgang des Lebens. Es zeigt sich dann aber, daß dieser Lehrgang über das Lebensschicksal eine tiefe Weisheit enthält. Es kann jeden Ausbilder mit größter Ehrfurcht und Bewunderung erfüllen, wenn er die Komposition einer menschlichen Biographie als Lernprozeß durchschauen lernt. Sie zeigt sich als ein göttliches Kunstwerk und kann als Urbild für die Gestaltung aller Lehrgänge dienen.

– Jetzt kommen wir aber zur Frage, wer der Ausbilder in diesem Schicksalslernen ist. Betrachtet man das Schicksal als etwas, das in vielen vorigen Leben seinen Ursprung hat, dann kann man daraus schließen, daß es ein Lernprozeß ist, der eine tiefe Verbindung mit unserer eigenen Entwicklung als menschliches Wesen hat. Es ist die Art und Weise, wie man den Schicksalsfragen begegnet, die den heutigen Lernprozeß bestimmt. Wir können hier also von einem selbstgeleiteten Lernprozeß sprechen. Wie wir das Lernen in der Gegenwart aber ergreifen, das wird die Lernumstände der Zukunft schaffen. Dieses Schicksalslernen selbst in die Hand zu nehmen wird damit für den Erwachsenen zur Hauptaufgabe, wenn er lernt, vom Leben zu lernen. Die

Frage bleibt, wer dieses wunderbare Schicksalsnetz komponiert hat. Um das zu beantworten, muß man in der Geisteswissenschaft den ganzen Weg vom Tod bis zur Neugeburt genau studieren, auf dem das vergangene Leben ausgewertet und das neue Schicksal für das zukünftige Leben gestaltet wird, zusammen mit allen göttlichen Wesen, die an unserer Schicksalsgestaltung mitwirken. Durch dieses Studium kann der Ausbilder vieles über die «Didaktik» der Götter entdecken, die ihm dann mehr und mehr Impulse und Einsichten in die Geheimnisse der Erwachsenenbildung zu geben vermag.

– Das Lernziel dieses Lebens- oder Schicksalslernens ist die menschliche Entwicklung überhaupt, dessen Mittel Karma und Wiedergeburt.

3.3. Der geistige Schulungsweg

– Wo liegt beim geistigen Schulungsweg die Lernsituation? Sie ist meistens ein Ausnahmezustand, ganz von äußeren Einflüssen abgeschlossen, dem inneren Leben gewidmet. Ein wichtiger Teil dieses Schulungsweges ist es, die Kräfte zu entwickeln, die man nötig hat, um einen solchen Ausnahmezustand selbst herstellen zu können. Wie man diese Kräfte entwickelt, ist oft angegeben. Wesentlich ist jedoch, daß man es selbst tut.
Konzentration, innere Ruhe und gewisse Grundempfindungen müssen erzeugt werden, um in der Seele die Stätte zu bereiten, an der dieses Lernen stattfinden kann. Unsere eigene Seele wird gewissermaßen zum Klassenzimmer; hier findet die Lernsituation statt.

– Es gibt auch andere Lehrgänge für den geistigen Schulungsweg, jedoch werden diese recht unterschiedlich für die ganz verschiedenen Einweihungswege (die orientalischen, westlichen, südlichen und sogar nördlichen) beschrieben. Im Altertum wurde die Einweihung in gewissen Mysterienstätten praktiziert. Der «Lehrling» pilgerte dorthin, um unter strenger Führung den

Lehrgang seines Schulungsweges zu vollziehen. Eine der letzten Stätten, wo solches stattfand, war im späten Mittelalter die Schule von Chartres.

Durch die heutige Individualisierung des Menschen gibt es nun ebenso viele Wege, wie es Menschen gibt, obwohl der moderne Schulungsweg gewisse Grundzüge zeigt. Mit «modern» ist ein geistiger Schulungsweg bezeichnet, der dem heutigen Stand der Menschheitsentwicklung angemessen ist und der in die Zukunft weiterführt. So wird auf einem modernen Schulungsweg die selbständige Urteilsbildung bei jedem Schritt verstärkt, die Selbsterkenntnis als Vorbedingung gefordert, um Illusionen vorzubeugen.

Der Lehrer hat hier nur die Funktion des Beraters, «Gehorsam» wird nicht verlangt. Der Ausgangspunkt ist die Grundhaltung des modernen Forschers, der nur annimmt, was er wirklich verstanden hat, aber auch nichts abweist, was er noch nicht durchschaut. Dies sind alles Eigenschaften, die eine gesunde moderne Erwachsenenbildung schon pflegen sollte.

– Wer unterrichtet auf dem geistigen Schulungsweg?

Die veröffentlichte geisteswissenschaftliche Literatur unterrichtet, denn sie gibt über diesen Weg ausführlich Auskunft. Erfahrene Menschen können den sich Schulenden zusätzlich beraten. Das Verhältnis ist ähnlich, wie wenn man einen Experten auf einem bestimmten Gebiet um Rat fragt. Es bleibt auf beiden Seiten ein völlig freies Verhältnis. Den eigentlichen Lehrmeister findet jeder im eigenen Innern.

Einen geistigen Schulungsweg gehen bedeutet, daß man die Schwelle vom normalen, sinnlichen Tagesbewußtsein zu dem übersinnlichen geistigen Bewußtsein überschreitet. Dieser Schwellenübergang bringt viele Gefahren von Irrtum und Illusion mit sich. Deshalb wird diese Schwelle von einer Wesenheit behütet, die man den «Hüter der Schwelle» nennt. Dieser Hüter gewährt Einlaß oder weist zurück, bis man genügend Kräfte und Selbsterkenntnis erworben hat, um ohne Gefahr über diese Schwelle zu gehen. Dadurch wird dieses Wesen zu einem Führer auf dem geistigen Schulungsweg.

Die beratende Funktion des Ausbilders dient hier dem Lernenden, damit dieser seinen eigenen Lehrmeister, den «Hüter der Schwelle», finden kann.

– Was ist das Lernziel?

Eigentlich das höchste Lernziel, das es überhaupt geben kann: mehr und mehr *Mensch* zu werden, so daß man in der geistigen Ursprungswelt sein wahres Wesen erleben kann, um seine Aufgabe hier auf Erden besser verrichten zu können.

Viele junge Menschen sind sich eigentlich schon bewußt, daß sie nicht nur studieren, um ein Fach zu lernen, eine Wissenschaft auszuüben oder um eine Kunst zu meistern, sondern um durch ihren Beruf mehr *Mensch* zu werden.

Bei alldem muß man auch noch beachten, daß die gesamte Menschheit, mehr oder weniger bewußt, bereits über diese Bewußtseinsschwelle geht. Dadurch bekommt eben die Erwachsenenbildung eine neue Dimension: Denn geistige Erfahrungen können unserem Lernprozeß schaden und Verwirrungen stiften, wenn der Weg der geistigen Schulung und jener der Selbsterkenntnis im Schicksalslernen nicht gleichzeitig beschritten werden.

Diese wenigen Andeutungen zeigen die Unterschiede der drei Lernwege auf und weisen darauf hin, wie verschieden die drei Arten des Lernens sind.

Die Universität der Zukunft sollte alle drei beinhalten. Deshalb sei das Grundprinzip, das Leitbild einer neuen Erwachsenenbildung die gegenseitige Durchdringung dieser drei Lernwege, damit sie einander stärker befruchten. Dadurch kann eine umfassende Erwachsenenbildung zustande kommen.

Die Hoffnung darauf lebt schon seit einiger Zeit unter vielen Studenten; die Lehrer jedoch, die fähig sind, die drei Lernwege zu einer höheren Einheit zusammenzuführen, sind leider noch schwer zu finden, da es eine intensive Schulung der Ausbilder selbst verlangen würde. Gegenwärtig existieren viele Einrichtungen zur Erwachsenenbildung, aber wer schult die neuen Ausbilder?

3.4. Der Zusammenhang der drei Lernwege

Das «Schullernen» könnte eine gute Vorbereitung für die beiden anderen Lernwege werden, wenn es zum Beispiel die Schicksalsfragen mit in den Unterricht nehmen würde. Der Zusammenhang zwischen dem, was unterrichtet wurde, und dem eigenen Schicksalsweg wird dann immer deutlicher. Früher oder später kommen dann auch die Daseinsfragen auf: Was ist der Mensch? Wer bin ich? Was ist der Sinn unseres Daseins? Was soll ich tun, welchen Beruf wählen, welchen Weg gehen und warum?

Dies sind alles Fragen, auf die man Antworten finden kann, wenn man einen geistigen Schulungsweg beschreitet.

Das Studium der Geisteswissenschaft gehört noch zum exoterischen Lernen, sie zu verinnerlichen und aus sich selbst wieder neu hervorzubringen bereits zum Schicksalslernen. Das Erforschen der persönlichen Grundfragen über die eigene Person, über die eigene Aufgabe und die Verantwortung gegenüber der Menschheit und der Erde ist Teil des dritten Lernwegs. Wir erkennen hier drei Schritte, die nacheinander stattfinden und aufeinander aufbauen; es sind drei Schritte einer Willenserweckung.

3.5. Das Ich und die drei Lernwege

Die drei Lernwege haben auch etwas gemeinsam. Unser Ich, der Kern unserer Wesenheit, ist an allen drei Lernprozessen beteiligt, ja, es trägt die Kontinuität unseres Daseins. Ohne Kontinuität gibt es keinen Lernprozeß. Also: Das Ich verbindet die drei Lernwege.

In unserem täglichen Leben geht es darum, unser Ich erdentüchtig zu machen, dem Leben gerecht zu werden, und dabei wird das Ich immer erwachsener, reifer, fähiger und selbständiger. Das eigenständige Urteilsvermögen ist fast die höchste Gabe, die das Erdenleben uns geben kann. Es baut aber auf unserem Erinnerungsvermögen auf. Hier sorgt das Gedächtnis für die Kontinuität des Lernprozesses.

Unser geistiger Schulungsweg ist der Weg von unserem gewöhnlichen, irdischen Ich (oft auch «Selbst» genannt) zu unserem kosmischen Ich, unserem höheren Ich, dorthin, wo unser Ich wirklich beheimatet ist. Dabei ist die irdische Erinnerung keine Hilfe, sondern eine Störung. Höchstens eine Ahnung des Vorgeburtlichen kann uns hier helfen. Der geistige Schulungsweg verhält sich also umgekehrt zum «Erdenlernen»; er ist ein «Himmelslernen». Die Frucht aber unseres Erdenlebens, unsere selbständige Urteilsfähigkeit, muß mitgenommen werden, sonst sind wir beim Schwellenübergang ganz verloren.

Auch das Schicksalslernen hat mit unserem Ich zu tun. Es repräsentiert hier die Kontinuität unserer vielen Erdeninkarnationen. Der Inhalt unseres Ich ist das «Lernresultat» aller vergangenen Erdenleben. Das Schicksal, das uns begegnet, läßt uns die Konsequenzen unserer Taten in vorigen Erdenleben erleben. Wie bereits dargestellt, bereiten wir unser Schicksal zusammen mit den höheren Mächten des Schicksals zwischen Tod und neuer Geburt vor.

Schicksal ist deswegen zugleich ein himmlischer und irdischer Lernprozeß; es verbindet Himmel und Erde, es ist die Brücke zwischen physischer und geistiger Welt. Erde und Kosmos werden hier verbunden. Im Schicksal wirken unser höheres Ich und unser irdisches Ich ineinander und vereinen dadurch unser «Erdenlernen» mit unserem «Geisteslernen».

Mit dieser Integration der drei Lernwege werden die Stätten der Erwachsenenbildung wieder Initiationsstätten werden. Das bedeutet, daß eine neue Didaktik, neue Formen des Unterrichtens, ein neues Profil des Ausbilders verlangt werden müssen. Die Unzufriedenheit und das Aufbegehren mehrerer Studentengenerationen, das sich im 20. Jahrhundert immer wieder zeigt, sollte uns den Wink geben, daß es dafür an der Zeit ist. Eine graphische Darstellung auf der folgenden Seite faßt noch einmal schematisch die drei Lernwege und ihre Zusammenhänge untereinander zusammen.

Es ist denkbar, daß der Weg beim organisierten Schullernen anfängt und dann naturgemäß zum Schicksalslernen führt, das wiederum den Weg bahnt zum geistigen Schulungsweg. Auch der umgekehrte

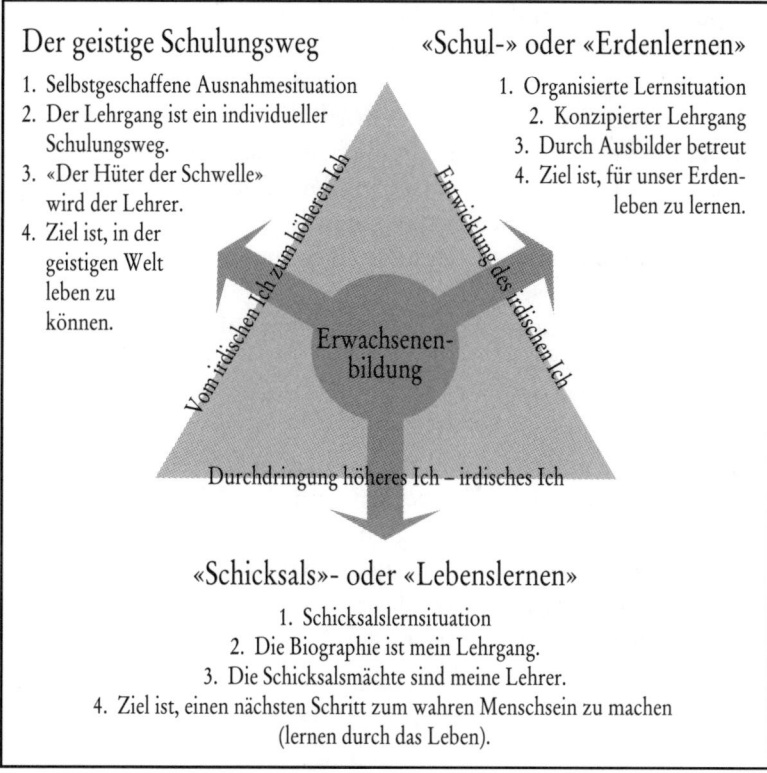

Der geistige Schulungsweg

1. Selbstgeschaffene Ausnahmesituation
2. Der Lehrgang ist ein individueller Schulungsweg.
3. «Der Hüter der Schwelle» wird der Lehrer.
4. Ziel ist, in der geistigen Welt leben zu können.

«Schul-» oder «Erdenlernen»

1. Organisierte Lernsituation
2. Konzipierter Lehrgang
3. Durch Ausbilder betreut
4. Ziel ist, für unser Erdenleben zu lernen.

Vom irdischen Ich zum höheren Ich

Entwicklung des irdischen Ich

Erwachsenenbildung

Durchdringung höheres Ich – irdisches Ich

«Schicksals»- oder «Lebenslernen»

1. Schicksalslernsituation
2. Die Biographie ist mein Lehrgang.
3. Die Schicksalsmächte sind meine Lehrer.
4. Ziel ist, einen nächsten Schritt zum wahren Menschsein zu machen (lernen durch das Leben).

Schema 2

Weg ist möglich: Ein geistiger Schulungsweg kann zum vertieften Lebenslernen führen, aus dem schließlich ein starker Antrieb zum Lernen auf einen bestimmten Beruf hin erwachsen kann.

Der Verfasser hat oft versucht, mit Seminarteilnehmern im Sinne der drei Lernwege zu arbeiten. Er hat dabei festgestellt: Je mehr die Teilnehmer am Lernprozeß mitgestalten können – ohne natürlich das Lernziel aus den Augen zu verlieren –, desto mehr individuelle und zwischenmenschliche Schicksalsvorgänge werden bemerkbar. Je weniger die Übungen und andere Lehrformen vorgeplant und festgelegt werden, desto mehr können diejenigen Lernvorgänge eingeschaltet werden, die in diesem Moment für *diese* Teilnehmergruppe wesentlich sind. Das verlangt aber vom Ausbilder eine breite Palette von Lehrformen, die immer wieder den Anforderungen der momentanen Situation entsprechend variiert werden müssen. Darüber hinaus ist sehr viel Mut erforderlich, in einer ungeplanten, sich ständig verändernden menschlichen Situation zu leben und zu handeln. Die Unsicherheit verschwindet jedoch, wenn der Ausbilder sich als Teil eines sich entfaltenden Lernprozesses zu erfahren beginnt und wenn er die Ereignisse als Stufen des eigenen geistigen Schulungsweges zu sehen lernt.

Wenn die Teilnehmer in einer Ausbildung anfangen könnten, die Fähigkeit des «Lernens zu lernen» zu üben, und dabei die forschende Grundhaltung entwickeln, dann wäre damit der Anfang des dritten Lernweges schon gegeben. Es wäre deshalb denkbar, Seminare so zu gestalten, daß sie mit dem Schulungsweg anfingen und dadurch dem Schicksalslernen und dem Erdenlernen einen ganz anderen Charakter aufprägten.

Im Kapitel 13, «Lernen zu lernen», wird darüber Näheres ausgeführt. Eine Ausarbeitung der sieben Lernprozesse für das Schicksalslernen ist in Kapitel 12 dargestellt.

4.
Das Menschenbild muß alles durchdringen

Allen Ausbildungen liegt ein Menschenbild zugrunde wie auch allen Wissenschaften und Künsten. Schon wenn man Autofahren lernt, hat die Fahrschule ein «Bild» von dem, was ein guter Autofahrer ist; ob das auch im Stundenplan zum Ausdruck kommt, sei dahingestellt.

Bei der Erwachsenenbildung geht es jedoch darum, alle Vorgänge so zu gestalten, daß dadurch das zugrundeliegende Menschenbild in dem Teilnehmer aufleben kann. Viele Ausbildungen sind nicht dem menschlichen Wesen entsprechend organisiert. Es fehlt ein Bewußtsein davon, daß sich das menschliche Wesen wie ein roter Faden durch alle Aktivitäten hindurchzieht. Man lernt reine Wissenschaft (wertfrei) oder Kunst oder für einen bestimmten Beruf, man trainiert intellektuelle oder manuelle Fertigkeiten; man eignet sich Managementtechniken an, ohne die Kunst des Managements als solchem zu entwickeln. Das alles hat natürlich bestimmte Auswirkungen. Studenten beklagen sich oft, daß ihre Lehrer wie «Berufsautomaten» auftreten und man ihnen kaum als Mensch begegnen kann; andere sprechen von Berufsdeformation, von Konditionierung statt Entwicklung etc.

Um diesen Gefahren zuvorzukommen, könnten die Stätten für Erwachsenenbildung gewisse Grundprinzipien beachten.

4.1. Die Ausbildungssituation

Alle Ausbildungsinstitutionen entwickeln im Laufe der Zeit eine gewisse Identität, etwas ganz eigenes, wodurch sie sich kennzeichnen.

Wie ein Mensch eine ureigene Individualität hat, so entsteht das auch bei den Ausbildungsinstituten, sogar noch viel stärker. Von außen erscheint es als sogenanntes «Image», von innen gesehen hat es aber eine starke Wirkung sowohl auf die Mitarbeiter als auch die Studenten, die dadurch hart geprüft werden und oft von der Gesellschaft mit «ihrer» Schule identifiziert werden. Man spricht dann über «Yale-» oder «Harvard-Akademiker», «Emerson-Leute», «Alanus-Künstler», «Järna-Schüler», «Stuttgarter Eurythmisten» etc.

Es stellt sich hier natürlich die Grundsatzfrage, ob es die Aufgabe eines Bildungsinstitutes für Erwachsene ist, Menschen sein eigenes «Bild» oder seine Identität aufzuprägen, oder ob es ein Helfer sein sollte, um Menschen auf den eigenen, individuellen Weg zu bringen, damit sie in ihrem Beruf und Leben frei schaffende Wesen werden können. Helfer oder Selbstzweck – das ist hier die Grundfrage.

Im folgenden werden einige Grundgedanken ausgesprochen, die zum Umdenken anregen sollen für zukünftige, «dienende» Ausbildungsinstitutionen.

Man könnte sich die Institution als einen dreigliedrigen Organismus vorstellen, in dem sich der Lernprozeß durch die Begegnung der drei Glieder dieses Organismus entwickelt.

Das erste Glied ist die *Institution* selbst, mit ihrer Tradition, ihrem Stil, ihren Umgangsformen, mit ihrem Gebäude, ihrer Einrichtung und mit ihrer stark wirkenden Identität. Eine Ausbildungsinstitution ist die Ausprägung eines Wesens.

Das zweite Glied ist die *tragende Menschengruppe*, oft Kollegium, Dozentengruppe, Fakultät oder Stab genannt. Diese Gruppe wechselt, ändert sich, entwickelt sich, differenziert sich in verschiedene Gruppen und ist damit der lebendige, dynamische Teil der Institution.

Das dritte Glied sind die *Studenten* oder *Teilnehmer*, die eine Zeitlang das Leben mit der tragenden Menschengruppe in dieser Institution durchmachen. Sie kommen und gehen wieder, sie ändern sich und entwickeln sich während des Prozesses weiter – aber in welcher Weise ändern sie sich?

4.2. Die Beziehung zwischen Institution und tragender Gruppe

Jedesmal, wenn ein neues Programm entworfen wird, kann versucht werden, das dahinterliegende Menschenbild in vier Schritten im Programm zu realisieren.

Der erste Schritte ist das Finden des Leitbildes: Was ist ein Maler, ein Ingenieur, ein Eurythmist, ein Wissenschaftler, ein Kaufmann, eine Krankenschwester etc.? Welches spezifische Menschenbild liegt dem Seminar zugrunde? Was streben wir an?

Das sollte möglichst klar und einfach, auch zeitgemäß formuliert werden. Wichtig ist, daß man sich bei der Beantwortung dieser Fragen Zeit nimmt, denn dann lassen sich die nächsten Schritte viel schneller vollziehen.

Der zweite Schritt besteht in der Auswahl der Grundprinzipien, die für die betreffende Ausbildung gerade die wichtigsten sind.

Diese werden bei einer Kunstakademie andere sein als bei einem Lehrerseminar. Zum Beispiel ist die Arbeit an den drei Lernbarrieren besonders wichtig bei wissenschaftlichen und technischen Ausbildungen, bei einer Kunstausbildung sind es die drei Prozesse der Urteilsbildung (siehe Kap. 14). Bei allen Sozialwissenschaften, wie Pädagogik, Psychologie, Soziologie usw., kann es besonders wichtig sein, die drei Lernwege gleichzeitig zu beschreiten. Jede Fachausbildung wird eine andere Komposition der Grundprinzipien schaffen müssen. Dadurch bekommt die Ausbildung schon eine Art grundlegender Struktur mit jeweiligen Prioritäten.

Der dritte Schritt bezieht sich ganz konkret auf die Gestaltung, die Komposition des Lehrganges selbst. Wie lange soll er dauern: drei Jahre, drei Semester, zwanzig Abende, drei Wochenenden? Und wie gestalten sich dann die entsprechenden Schritte im Zeitablauf?

Während wir es im zweiten Schritt mit der zugrundeliegenden Struktur der Prioritäten zu tun haben, beschäftigen wir uns im dritten Schritt mit der Komposition und dem zeitlichen Ablauf.

Im vierten Schritt wird dann das aktuelle Programm im Detail aufgestellt mit Stundenplan, Unterrichtselementen, Mitarbeitern, Lokalitäten etc.

Wenn ein Programm erarbeitet wird, ist der Stundenplan ein heikles Problem. Er wird als Zwangsjacke empfunden. Jeder Mitarbeiter möchte mehr Zeit, andere Stunden usw., und schließlich, nach endlosen Kompromissen, gleicht der Stundenplan einer schlechten Produktionsplanung in der Industrie. Die Ursache liegt darin, daß man oft zu früh mit dem Aufstellen des Programms beginnt, ohne daß die vorhergehenden Schritte gründlich bewältigt sind. Dabei geht unterwegs das Menschenbild verloren, die Grundstruktur wird geschwächt, der Lehrgang im Zeitablauf völlig mechanisch – und der Stundenplan herrscht. Einzelne Fächer werden zum Ziel, und die Ganzheit geht verloren. Eigentlich sollte man wenigstens jedes Jahr einmal die vier Schritte wieder durcharbeiten, von den Grundschritten bis zum endgültigen Programm, damit das ursprüngliche Menschenbild und die leitenden Unterrichtsprinzipien im Programm wirklich leben können.

Das regelmäßige Durcharbeiten dieser ersten drei Schritte durch die tragende Gruppe hilft, daß die wichtigsten Erziehungsideen sich in die Realität inkarnieren können. Es ist ein vertikaler Prozeß, der – vernachlässigt – zu oft perfekt aussehenden Programmen führt, in denen der ursprüngliche Impuls aber fast nicht mehr lebt. Das kann zum Beispiel bei der Lehrerausbildung ein nützliches, praxisorientiertes Programm sein; aber ob das Bild des wahren Erziehers, nach dem wir streben, noch alles durchzieht, ist eine andere Frage. Das Umgekehrte kommt natürlich auch vor: Der erste Schritt ist sehr gut ausgearbeitet, aber er bleibt ein Ideal und wird nicht umgesetzt in der Praxis des gegenwärtigen Unterrichtens. (Siehe dazu das Schema 3 auf Seite 52.)

4.3. Die Beziehung der tragenden Gruppe zur Teilnehmergruppe

Ist die Vorbereitung eines solchen Seminars mehr ein vertikaler Inkarnationsprozeß, so ist die Beziehung zwischen Dozenten und Teilnehmern grundsätzlich ein horizontales Verhältnis. Es ist ein Prozeß der Begegnung, ein Verhältnis zwischen Erwachsenen, wobei beide Gruppen viel zu geben haben. Von diesem Begegnungsprozeß hängt sehr viel ab, denn er ist das Herz des Lernprozesses. Hier entscheidet sich auch und besonders, ob der Teilnehmer nachher *selbständig* das Gelernte verwirklichen kann oder nicht. Der Umgangsstil ist hier anders als gegenüber dem Kind. Das Ziel der Kindeserziehung ist die Entfaltung zum Erwachsensein. Bei der Erwachsenenbildung stehen sich Erwachsene gegenüber, die alle mitverantwortlich für den Lernprozeß sind. Es ist grundsätzlich ein Begegnungsprozeß. Das gegenseitige Problem der Abhängigkeit und der Autorität muß hier gemeistert werden. Über die Berufshaltung des Ausbilders unter diesem Gesichtspunkt ist mehr in Kapitel 7 ausgeführt. Hier sei nur erwähnt, daß es von der Art dieses Begegnungsprozesses unter anderem abhängt, ob die leitenden Prinzipien und Impulse der Schule von den Teilnehmern individualisiert werden und wieder ganz neu entstehen oder ob sie vom Vorbild übernommen und zu einer Kopie dessen werden, was die Institution den Teilnehmern mitgegeben hat.

4.4. Die Beziehung zwischen Teilnehmern, Institution und Gesellschaft

Ein Ausbildungsleiter eines Großkonzerns sagte zu mir einmal: «Ich war vier Jahre auf einer ‹Private School› in England. Jeden Tag wurde mir klargemacht, daß ich durch den Besuch dieser Schule ganz besonders privilegiert sei. Das ließ mich glauben, daß ich ein ganz besonderer Mensch sei, viel wertvoller als andere. Dieses eingepaukte Gefühl bin ich nie ganz losgeworden, und es hat meiner Karriere als Ausbilder beträchtlich geschadet.»

In endlosen Variationen hört man solche Erzählungen; hier ist eine der Ursachen der Berufsdeformation zu finden. Hat man eine Ausbildung beendet, so sollte man sich rückblickend fragen, ob die Institution «meiner» Entwicklung gedient hat oder ob sie «mich» geprägt und geformt hat ihrem – oft verborgenen – Menschenbild entsprechend.

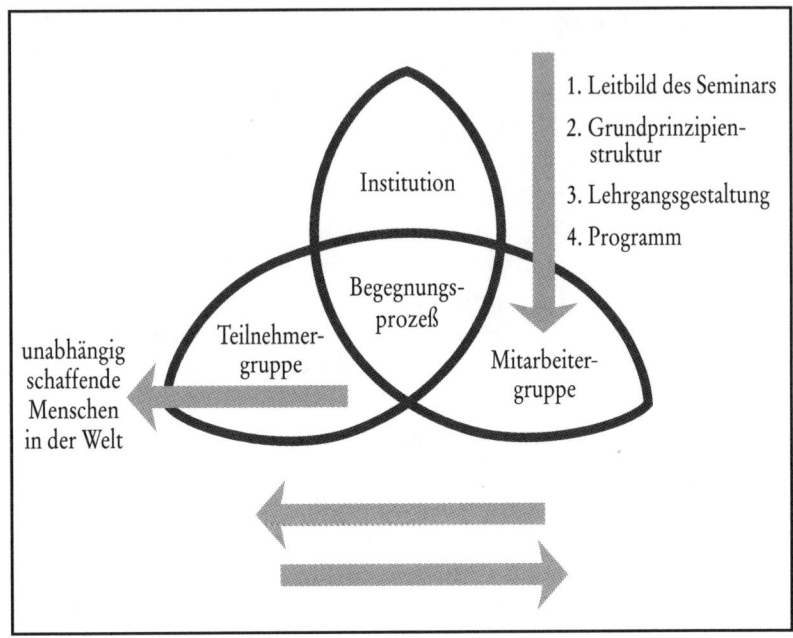

Schema 3

Wir dürfen nicht vergessen, daß in vergangenen Zeitaltern die führenden Schulen ihren geistigen Zielen gemäß Menschen formten. Das war sogar damals ihre Aufgabe. Heute ist das nicht mehr zeitgemäß! Heute sollte man die Schule verlassen können mit dem Gefühl der Dankbarkeit für das, was in einem entwickelt worden ist, damit man aus dem heraus frei Neues schaffen kann.

4.5. Die Beziehung zwischen Institution, tragender Gruppe und Teilnehmern

Dem individuell schaffenden Menschen zu dienen, dies sollte das Ziel der heutigen Erwachsenenbildungsinstitutionen immer mehr werden. Dabei ist die Art und Weise der dreifachen Begegnung zwischen Teilnehmern, tragender Mitarbeitergruppe und dem Wesen der Institution sehr wichtig. Aus diesem Grund wurde in Schema 3 der Begegnungsprozeß in die Mitte gestellt, dort, wo sich die drei «Kraftfelder» der Institution, der tragenden Gruppe und der Teilnehmergruppe überschneiden. Damit diese dreifache Begegnung, die ständig gepflegt werden muß, stattfinden kann, können die im folgenden kurz dargestellten fünf Aktivitäten hilfreich sein:

- Es ist sehr wichtig, daß die Mitarbeiter im Kollegium sich ständig als Individuen und als Gruppe weiterentwickeln. Drei bis vier Arbeitswochen pro Jahr, gut vorbereitet, mit kreativem Austausch, und gemeinsame Forschung sind der geistige Lebensquell des Institutes. Auch andere Aktivitäten zwischendurch erweisen sich als fruchtbar. Die Pflege der Beziehungen innerhalb der Mitarbeitergruppe wird in einem separaten Kapitel behandelt (Kapitel 15). Hier sei es nur angedeutet.

- Eine regelmäßige Besinnung auf die Unterrichtsziele im Ganzen ist unumgänglich. Jede Institution trägt den Tod in sich, droht traditionell zu werden und in ihren «erprobten» Unterrichtsformen sich zu verfestigen. Die Antworten für gestern müssen nicht automatisch für das Heute zutreffen! Und Ausbildungsstätten sollten nicht nur an der Gegenwart orientiert sein, sondern auch die Zukunft vorbereiten. Was werden die Menschen des 21. Jahrhunderts verlangen?

- Die Gestaltung der Seminare durch die bereits angegebenen vier Schritte muß regelmäßig erneuert werden. Kein Programm, selbst kein Vortrag, darf sich ohne Änderung wiederholen. Alles muß jedesmal neu geschaffen werden.

- Durch Aufrechterhaltung des Kontaktes mit ehemaligen Teilnehmern, durch Gespräche mit ihnen und das Verfolgen ihrer Biographien kann man Forschung treiben für die Gestaltung der Seminare. Ist etwas geschehen mit den Keimen, die während der «Lehrzeit» hoffentlich entstanden sind? Zeigt sich eine selbständige, kreative Grundhaltung, oder haben wir nur einen treuen «Gefolgsmann», geprägt von der Ausbildungsstätte, vor uns?

- Die ständige Pflege eines Verhältnisses zwischen Mitarbeitern und Teilnehmern, wie es Erwachsenen entspricht, ist während der Ausbildungszeit unumgänglich (siehe Kapitel 7).

5.
Der Lernprozeß des Erwachsenen

Es ist noch immer ein großes Rätsel, warum der Mensch lernen kann und wie der Prozeß genau vor sich geht. Es gibt verschiedene wissenschaftliche Erklärungen, die aber nicht ganz befriedigend sind. Lernen durch Nachahmung – Anlernen – läßt sich noch erklären; das kommt auch in der Tierwelt vor. So lernen, daß man sich dabei verwandelt, ein anderer Mensch wird, ja, sich zu etwas entwickelt, das man vorher nicht war, das also mehr ist, als vorhandene Veranlagungen zur Entfaltung zu bringen, ist aber viel schwerer zu verstehen. Wie kann man etwas zum Werden bringen, das vorher nicht da war, also etwas grundsätzlich Neues der Welt einverleiben? Dies ist die Art der Erwachsenenbildung, mit der wir uns hier beschäftigen.

Wir verdanken Rudolf Steiner und der ganzen Waldorfschulbewegung die Einsicht, daß das Lernen des Kindes auf den Lebenskräften beruht, die um das siebente Lebensjahr zum Teil von ihrer Körperfunktion frei werden und damit den *Lernprozeß* des Kindes möglich machen. Einzelnes darüber findet man ausführlich dargestellt in anthroposophisch-pädagogischen Schriften. Es zeigt sich aber, daß der Lernvorgang sich mit dem Älterwerden jedes Jahr ändert, einen maßgeblichen Schritt in der Pubertät macht. Erst mit dem 21. Lebensjahr stehen dann eigentlich dem Ich die für die körperlichen Funktionen nicht mehr benötigten Lebenskräfte ganz frei zur Verfügung. Das Lernen des Erwachsenen – vereinfacht dargestellt – beruht daher auf dem Umgang des Ich mit den Lebensprozessen, die ursprünglich am Aufbau des Körpers beteiligt waren. Die verfügbaren Lebenskräfte, die vom Ich angetrieben werden, sorgen für das Lernen des Erwachsenen.

Ein Grundprinzip der Erwachsenenbildung wäre dann, für den einzelnen den Lernprozeß nach diesen Lebensprozessen (es sind deren sieben) zu gestalten und für den Ausbilder den gesamten Ausbildungsvorgang entsprechend verlaufen zu lassen.

Es folgt jetzt zuerst eine kurze Beschreibung der biologischen Lebensprozesse und dann deren Korrelat in dem Lernprozeß.

5.1. Die sieben Lebensprozesse

Eine ausführliche Darstellung der Lebensprozesse findet man in Rudolf Steiners Vorträgen über *Das Rätsel des Menschen*.[4] Hier sei aus dem siebten Vortrag vom 12. August zitiert, wobei wir davon ausgehen, daß alles Lernen in erster Linie durch die Sinne aufgenommen wird.

«Das ist anders, als es nun mit den Kräften steht, die gewissermaßen tiefer im Menschen liegen als die Sinneskräfte. Der Sehsinn ist an das Auge gebunden, ist ein gewisser Bezirk im menschlichen Organismus. Der Hörsinn ist an den Hörorganismus gebunden, wenigstens in der Hauptsache; er braucht ihn aber nicht allein; es wird mit viel mehr im Organismus gearbeitet, es wird mit einem viel weiteren Bezirk gehört als durch das Ohr; aber das Ohr ist der normalste Hörbezirk. Alle diese Sinnesbezirke werden von dem Leben gleichmäßig durchflossen. Das Auge lebt, das Ohr lebt, das, was dem Ganzen zugrunde liegt, lebt; was dem Tastsinn zugrunde liegt, lebt – alles lebt. Das Leben wohnt in allen Sinnen, es geht durch alle Sinnesbezirke durch.

Wenn wir dieses Leben weiter betrachten, so stellt es sich wiederum differenziert heraus. Es gibt nicht nur *eine* Kraft des Lebens. Sie müssen schon unterscheiden, es ist etwas anderes der Lebenssinn, durch den wir das Leben wahrnehmen, als das, was ich jetzt bespreche. Ich bespreche jetzt das Leben selber, wie es durch uns flutet; das differenziert sich in uns selber wiederum, und zwar in der eben dargestellten Weise (siehe Schema 4). Die zwölf Sinnesbezirke müssen wir uns gleichsam ruhend denken im Organismus. Das Leben aber pulsiert durch den ganzen Organismus, und das Leben ist wiederum differenziert. Da haben wir zunächst etwas, was in einer gewissen Weise in allem Lebendigen sein muß: die Atmung. Jenes Verhältnis

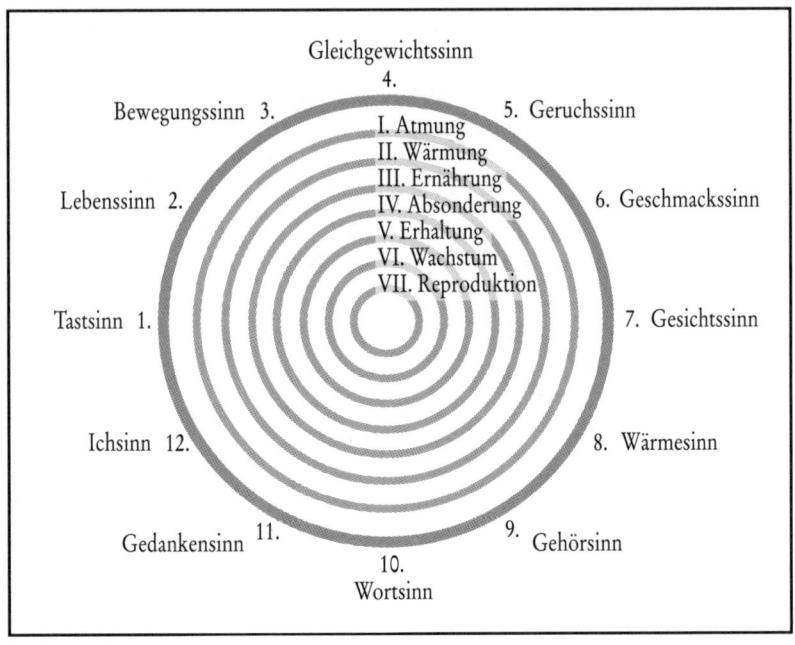

Schema 4

zur Außenwelt, das die Atmung ist, muß gewissermaßen in jedem Lebendigen sein. Ich kann mich jetzt nicht im einzelnen darauf einlassen, wie es wiederum für die Tiere, Pflanzen und Menschen differenziert ist; aber in jedem Lebendigen ist in einer gewissen Weise die Atmung. Die Atmung des Menschen wird immer wieder erneuert durch etwas, was er von der Außenwelt aufnimmt; das kommt allen Sinnesbezirken zugute. Es kann nicht der Geruchssinn walten, der Sehsinn walten, der Tonsinn walten, wenn nicht das, was das Leben von der Atmung hat, allen Sinnen zugute kommt. Ich müßte also zu jedem Sinn ‹Atmung› dazuschreiben. Nicht wahr, es wird geatmet; aber was durch die Atmung als Lebensprozeß geleistet wird, das kommt allen Sinnen zugute.

Als zweites können wir unterscheiden die Wärmung. Sie tritt ein mit der Atmung; aber sie ist etwas anderes als die Atmung. Die Wärmung, die innerliche Durchwärmung ist eine zweite Art, das Leben zu unterhalten. Eine dritte Art, das Leben zu unterhalten, ist die Ernährung. Da haben wir die drei Arten, dem Leben von außen mit Lebensprozessen entgegenzukommen: Atmung, Wärmung, Ernährung. Zu alledem gehört die Außenwelt. Atmung setzt voraus einen Stoff, beim Menschen die Luft, beim Tier auch die Luft. Wärmung setzt voraus eine ganz bestimmte Wärme der Umgebung, zu der wir uns in eine Beziehung setzen. Denken Sie sich nur einmal, wie Sie unmöglich innerlich mit der richtigen Wärme leben könnten, wenn die Temperatur in Ihrer Umgebung höher oder tiefer wäre! Denken Sie sie sich um hundert Grad tiefer: Ihre Wärmung wäre nicht mehr möglich, Ihre Wärmung hörte auf; oder um hundert Grad höher: Sie würden nicht bloß schwitzen! Ebenso ist die Ernährung notwendig, insoweit wir den Lebensprozeß als Erdenprozeß betrachten.

Jetzt kommen wir mit den Lebensprozessen mehr ins Innere. Da haben wir den nächsten Prozeß, der schon mehr dem Inneren angehört, das, was man nennen könnte die Umformung, die Verinnerlichung dessen, was aufgenommen worden ist von außen, die Umwandlung, die Verwandlung des von außen Aufgenommenen. Ich möchte, konform mit der Art, wie wir das einmal früher benannt haben, diese Umformung wiederum mit denselben Ausdrücken bezeichnen. Es gibt in der Wissenschaft noch keine Ausdrücke dafür; man muß sie erst prägen, weil man alle diese Dinge noch nicht unterscheidet. Diese innerliche Umformung dessen, was von außen aufgenommen wird, die also rein inneren Prozessen unterliegt, die können wir wiederum uns vierfach vorstellen. Das erste, was innerlich auftritt nach der Ernährung, ist die innere Absonderung. Absonderung ist es schon, wenn nur das aufgenommene Nahrungsmittel dem Körper mitgeteilt wird, wenn es ein Glied im Organismus wird. Es ist nicht nur die Absonderung nach außen, sondern die Mitteilung desjenigen, was durch die Nahrungsmittelsubstanz aufgenommen wird, im Inneren. Die Absonderung besteht zum Teil in Abgabe nach außen oder aber in der Aufnahme der Nahrungsmittel. Das ist eine Absonderung durch diejenigen Organe, die eben der Nahrung dienen: Absonderung in den Organismus hinein. Was so abgesondert ist in den Organismus hinein, das muß erhalten werden im Lebensprozeß, das ist wiederum ein besonderer Lebensvorgang für sich, den wir als Erhaltung bezeichnen müssen. Damit aber das Leben bestehen kann, muß es nicht nur das, was es aufnimmt, erhalten, sondern es muß es vergrößern: Jedes Lebendige unterliegt einer innerlichen Vermehrung: Wachstumsprozeß im weitesten Sinne; Wachstumsprozeß gehört zum Leben, Erhaltung und Wachstum.

Und dann gehört zum Leben hier auf Erden die Hervorbringung des Ganzen; der Wachstumsprozeß erfordert nur, daß ein Glied das andere hervorbringt. Reproduktion ist ein Prozeß, der höher ist als das bloße Wachstum, der das gleiche Individuum hervorbringt.

Außer diesen sieben Prozessen gibt es keinen weiteren Lebensprozeß mehr innerlich. In sieben Prozesse zerfällt das Leben. Aber wir können das nicht Bezirke nennen, sondern diese sieben kommen allen zwölf Bezirken zugute, diese sieben Lebensprozesse beleben alles. Wir müssen daher, wenn wir das Verhältnis dieser sieben zu den zwölf ins Auge fassen, sagen: Wir haben 1. Atmung, 2. Wärmung, 3. Ernährung, 4. Absonderung, 5. Erhaltung, 6. Wachstum, 7. Reproduktion, aber so, daß sie doch zu allen Sinnen in einem Verhältnis stehen, daß das durch alle Sinne gewissermaßen strömt, daß das Bewegung ist. Wir müssen gewissermaßen den Menschen, insofern er ein lebender Mensch ist, so darstellen, daß er zwölf getrennte Sinnesbezirke hat, und daß durch diese das siebenfältige Leben pulst, das in sich bewegte siebenfältige Leben. – Schreiben Sie zu den zwölf Bezirken die Tierkreiszeichen dazu, dann haben Sie den Makrokosmos; schreiben Sie dazu die Sinnesbezirke, dann haben Sie den Mikrokosmos. Schreiben Sie zu den sieben Lebensprozessen die Zeichen der Planeten, so haben Sie den Makrokosmos; schreiben Sie die Namen für die sieben Lebensprozesse, so haben Sie den Mikrokosmos. Und wie sich im Makrokosmos die Planeten in ihren Bewegungen verhalten zu den Tierkreisbildern, durch die sie durchgehen, so geht der lebendige Lebensprozeß durch die ruhenden Sinnesbezirke immer hindurch, durchströmt sie. Sie sehen, noch in mancher Beziehung ist der Mensch ein Mikrokosmos.»[5]

Soweit Rudolf Steiner. Weiteres über die sieben Lernprozesse findet man in den oben genannten Vorträgen.

Nun können diese sieben Lebensprozesse, wenn sie nicht nur gebraucht werden, um den Körper zu versorgen, dem Ich des Erwachsenen bei seinem Lernprozeß zur Verfügung stehen. Dann können sie sich in zwei Richtungen bewegen.

1. Sie können unsere Sinnestätigkeit verlebendigen.
2. Sie können in Seelenkräfte verwandelt werden.

Beide Bewegungen sind für den Lernprozeß von äußerster Wichtigkeit; denn bewegt sich nicht jeder Lernprozeß von außen nach innen (Sinnestätigkeit), um nach der Verinnerlichung als «Neues» wieder nach außen zu treten? Die ersten vier Schritte des Prozesses gehen von außen nach innen, die letzten drei von innen nach außen.

Die Naturseite der sieben Lebensprozesse wird teilweise umgewandelt in die Kulturseite der sieben Lernprozesse durch die Aktivität des Ich im Lernprozeß des Erwachsenen.

Hier sei ausdrücklich hingewiesen auf die grundlegende Arbeit von Christof Lindenau, *Der übende Mensch*.[6] Auf Seite 20 – 27 wird dort der denkende Mensch im Zusammenhang mit den sieben Lebensprozessen beschrieben. Hier wird versucht, sie als die allgemeinen Lernprozesse zu beschreiben, einschließlich aller Seelenkräfte.

Bei der Verlebendigung unserer Sinnestätigkeit kann man sich zwölf Sinnesbezirke vorstellen, die durch die Lebensprozesse verbunden werden, wie in Schema 4 dargestellt.

Im folgenden wird versucht, die Umwandlung von Lebensprozessen in Lernprozesse zu beschreiben.

5.2. Die sieben Lernprozesse

5.2.1. Atmung – Wahrnehmen

Alles Lernen fängt an mit dem Beobachten der Welt. Durch die zwölf Sinne strömt die Außenwelt in uns hinein, aber nur ein Teil davon wird durch das Ich zur bewußten Beobachtung gemacht und dadurch zur Grundlage des Lernprozesses. Es kommt etwas von außen in uns hinein. Als organischer Vorgang ist es ein rhythmisches Ein- und Ausatmen, als Lernvorgang muß zumindest Aufmerksamkeit dazukommen, wenn etwas für den Lernprozeß behalten werden soll. Dann erst hört man einen Sprecher, liest ein Buch, empfindet Ton, Farbe, Form, Bewegung usw. Verlebendigung der Sinnesbetätigung ist Vorbedingung für den Lernprozeß.

Dabei soll beachtet werden, daß Wahrnehmen ein rhythmischer Vorgang ist. Man kann nur beschränkt etwas bewußt aufnehmen, man muß auch «ausatmen» können. Lernelemente richtig «atmen» zu können ist eine Grundfähigkeit des Erwachsenenlernens.

Auch hier ist es wichtig, dieses «Lern-Atmen» als etwas anzusehen, das durch alle sieben Schritte hindurchgeht. Man atmet etwas ein, verinnerlicht es und atmet es in einer neuen Form wieder aus. «Atmung» wird so eine Urform allen Lernens – genauso wie der Tag-/Nachtrhythmus als Träger unseres Lebens eine tägliche Sinneseinatmung und eine nächtliche Ausatmung darstellt. Man könnte sich auch den ganzen Lebenslauf als einen Lernprozeß von Einatmung und Ausatmung vorstellen.

5.2.2. Wärmung – Sich-Verbinden

Für den zweiten Lernschritt muß man die innere Aktivität steigern, um sich mit dem Aufgenommenen persönlich verbinden zu können. Eine Beziehung zum Lernstoff muß geschaffen werden. Ein Anpassen an unser Innenleben durch Abkühlung oder Erwärmung findet statt. Auf der organischen Ebene regelt unser Wärmehaushalt ständig die Beziehung zur Außenwelt, so daß wir innerhalb gewisser Temperaturgrenzen leben, die mit dem Organismus in Einklang stehen. Was zu heiß ist, wird gekühlt, was zu kalt ist, wird erwärmt. Im Lernprozeß muß das Ich jetzt selbst diesen Vorgang besorgen. Vom Redner mitgerissen zu werden verhindert die genaue Beobachtung. Abkühlung ist notwendig. Für langweilige Darstellungen braucht man warmes Interesse, um das Wichtigste zu entdecken. Alles Wahrnehmen wird subjektiv gefärbt durch Bejahung und Verneinung. Der Erwachsene muß nun lernen, diesen Empfindungsprozeß bewußt zu regeln, weil damit seine Lernkapazität beträchtlich gesteigert wird.

In diesem Zusammenhang erinnere ich mich an einen Ausspruch meines Großvaters: «Alles ist ungeheuer interessant, wenn man sich nur genügend darin vertieft.»

5.2.3. Ernährung – Verarbeitung

Der Zusammenhang zwischen körperlicher Ernährung und geistiger Ernährung ist schwieriger zu erforschen, weil der körperliche Ernährungsprozeß zum größten Teil unbewußt verläuft. Im allgemeinen kann man aber sagen, daß es eine Art Vernichtungsprozeß ist. Schmecken, Kauen, Schlucken und was weiter im Stoffwechselprozeß vorgeht, zielt auf die völlige Umformung dessen, was ursprünglich gegessen wurde. Um Nahrung für den Körper zu werden, muß es völlig abgebaut, ja entmaterialisiert werden, damit es für den Aufbau des Körpers zur Verfügung steht.

Jetzt soll unser Ich einen ähnlichen Vorgang für unseren Lernprozeß vollziehen, wenn das, was wir von außen aufnehmen, wirklich zu unserer geistigen Nahrung beitragen soll. Das «Verarbeiten» ist also ein ziemlich aggressiver Vorgang, bei dem die Ich-Aktivität weiter gesteigert wird.

Viele «Verdauungsvorgänge» des Lernens finden – wie auch beim Kind – immer noch unbewußt statt. Wie der Erwachsene aber lernt, sein aufgenommenes, erwärmtes Lehrgut so aufzuschließen, daß es seiner geistigen Ernährung wirklich dient, ist eine der wichtigsten Fragen der Erwachsenenbildung. In Kapitel 13 kommen wir darauf zurück.

5.2.4. Absonderung – Individualisierung

Die Absonderung im Körper entscheidet, was ausgeschieden werden soll und was, durch innere Kräfte umgeformt, dem Körper eingefügt werden kann. Genauso wird beim Lernprozeß, nachdem das Aufgenommene verarbeitet worden ist, das Unbrauchbare abgeschieden und das übrige durch innere Kräfte individualisiert. Etwas Neues wird in uns geboren. Dieses Neue kann sich auf ein neues Verständnis beziehen, eine neue Idee, eine Einsicht, ein Aha-Erlebnis. Es kann ein neues Gefühl, ein Wert, ein starkes Erlebnis usw. werden; oder es ist ein neuer Willensimpuls, eine Motivierung, ein Entschluß usw. Gemeinsam ist nur, daß es Keimcharakter hat.

Die drei vorhergehenden Lernschritte waren dazu da, die Vorbedingungen für eine «Neugeburt» zu schaffen, um das, was wir lernen, wirklich zu unserem Eigentum zu machen. Die Individualisierung des Lernprozesses findet hier, im vierten Schritt, statt. Das Neue bedeutet nicht, daß dieser Gedanke, die Empfindung oder dieser Willensimpuls noch nie da waren, aber in der Seele des Lernenden ist es eine Neugeburt. Lernen ist sich ändern. Lernen und sich entwickeln sind identisch.

Um die «Absonderung» bzw. «Individualisierung» stattfinden zu lassen, bedarf es einer ureigenen Ich-Aktivität, einer Art Schaffen aus dem Nichts. Die Verdauung hat das Vakuum als Vorbedingung dafür geschaffen. Erwachsenenbildung als Willenserweckung wird hier in Gang gesetzt.

Es ist klar, daß sehr viel Lernen stattfindet ohne Verdauung und Individualisierung; dieses Lernen aber bleibt peripher, und man könnte es mehr als eine Art «Konditionierung» bezeichnen, die einen praktischen Wert für intellektuelle oder praktische Fähigkeiten haben kann, aber auch schädliche Nebeneffekte, indem Teile unseres Wesens dadurch verhärten und unbeweglich werden. Der Individualisierungsvorgang ist deshalb maßgebender Kern der Erwachsenenbildung.

Es ist ein wichtiger Hinweis Rudolf Steiners, daß in diesem Absonderungsprozeß im Körper die Lügenhaftigkeit und illusionserzeugenden Kräfte Ahrimans und Luzifers nicht wirksam sind. Dieser sonnenhafte Freiheitsraum muß deshalb beim Erwachsenenlernen ins Bewußtsein gehoben werden. Auch hier, wie beim ersten Schritt des Wahrnehmens, kann man sagen, daß diese Qualität alle anderen Schritte durchdringen muß.

5.2.5. Erhaltung – Üben

Eine typische Erfahrung beim Lernen ist, daß man oft Einsichten, Ahnungen, Erlebnisse oder Anregungen hat, die sich schnell wieder verflüchtigen oder vergessen werden. Wenn man sie behalten will, dann muß man sie wiederholen. Etwas wiederholen heißt üben, und so wird durch regelmäßige, rhythmisch wiederholte Lernaktivitäten der neue Keim langsam, aber sicher unserem Wesen einverleibt.

Einen zarten Keim pflegen zu können verlangt Andacht, Sorgfalt, ein Übungsmilieu und eine gewisse Liebe zu dem Übungsvorgang selbst, weil sonst – wie bei der Pflanze – der Sprößling nicht gedeihen kann. Denn hinter allem Üben sollte eine Triebfeder sein: die Individualisierung, und ein Ziel: das Entwickeln einer neuen Fähigkeit. Wenn die Triebfeder nicht vorhanden ist, kann Übung zu einer Dressur werden, kann intellektuelle oder manuelle Fertigkeiten entstehen lassen, aber das Wachstum einer neuen Fähigkeit verhindern.

Im Körper findet der Lebensprozeß unserer Erhaltung in der Nacht statt, durch die geheimnisvolle Regeneration, durch welche die am Tag wirkenden Abbaukräfte des Bewußtseins durch frische Lebenskräfte ersetzt werden. Im Lernprozeß müssen wir für diesen Vorgang selbst sorgen, indem wir Übungen machen, die revitalisieren statt zu verhärten.

5.2.6. Wachstum – wachsende Fähigkeiten

Alles, was lebt im Körper, stirbt und erneuert sich – es wächst. Die drei kennzeichnenden Kräfte dieses lebendigen Wachstums in der Natur sind Polarität, Steigerung und Metamorphose. Wie finden wir all dieses nun im Erwachsenenlernprozeß wieder? Die Übungen als solche sind nie ein Ziel, aber ein Mittel, um eine geistige Fähigkeit wachsen zu lassen. Die äußere Übung selbst muß also sterben, vergessen werden, um etwas anderes entstehen zu lassen. Eine einzelne Übung führt selten zur Fähigkeit. Deshalb gibt eine bestimmte Zusammenstellung von Übungen mit Polaritäten, einer Entwicklung und einer Gesamtgestalt die Möglichkeit zum Wachstum einer neuen Fähigkeit. Die Fähigkeit steigert sich langsam, ist nie fertig und zeigt sich als eine Metamorphose von zusammenhängenden Übungen. Wachsen ist ein musikalischer Vorgang, ein Zusammenklang von Übungen, der eine Art Synthese zeigt. Wie die Verarbeitung, der dritte Schritt, eine Art spaltendes, analysierendes Verfahren ist, so zeigt das Wachstum eine Art synthetisierendes Element, das aber kontinuierlich die konkreten Übungen in höhere Fähigkeiten umsetzt.

Es wird noch viel Forschung notwendig sein, bis wir genau wissen, welche Komposition von Übungen bestimmte Fähigkeiten wachsen läßt. Sonst üben wir endlos und ziemlich willkürlich – in der Hoffnung, daß irgendwann, nach Jahren, das wirkliche Können entsteht!

Das Geheimnis des Wachstums ist: die Übung täglich in unserer Seele auszulöschen durch das Ringen mit dem Widerstand, den sie bietet, und sie jede Nacht als eine wachsende Fähigkeit neu erstehen zu lassen.

5.2.7. Reproduktion – Neues schaffen

Als Lebensprozeß des Körpers bedeutet Reproduktion das «Wiederholen des Gleichen», also eine Art Multiplizieren. Im Hinblick auf den Lernprozeß ist die Frage, ob ich, als Ergebnis der vorhergehenden sechs Schritte, wirklich etwas Neues schaffe. Eine verstärkte oder neue Fähigkeit ermöglicht auch eine verbesserte oder neue Realisierung. Von den sechs vorhergehenden Schritten hängt es also ab, ob das Resultat eine Wiederholung oder eine originäre Leistung ist. Viele Examensleistungen sind ein Reproduzieren dessen, was aufge-

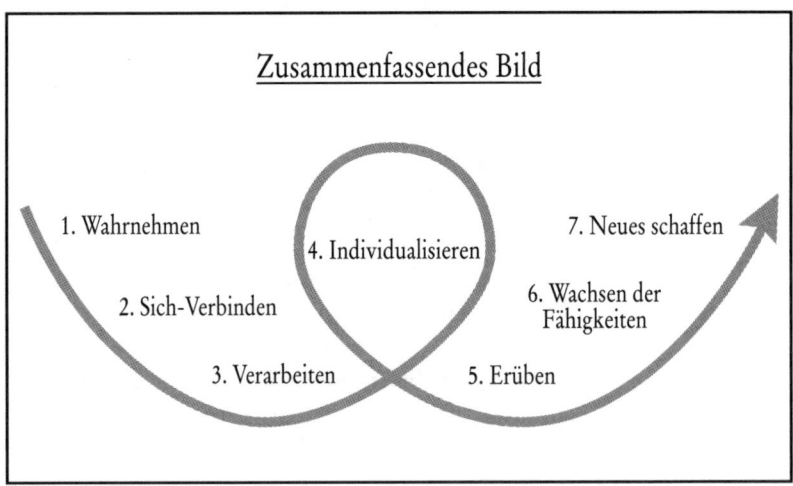

Schema 5

nommen wurde, also kein Erwachsenenbildungsprozeß. Wir kommen hier zu der Frage, was im Lernprozeß Kreativität ist. Wir haben schon festgestellt, daß das Ich sich bei jedem Schritt kreativ betätigen soll. Beim siebten Schritt muß dies jedoch mit allen sechs anderen Schritten gleichzeitig geschehen, damit das Endresultat immer mehr ist als die Summe der Einzelschritte. Dies kann man zum Beispiel beobachten beim Abschluß einer Eurythmieausbildung, der Endpräsentation eines Managementseminars usw.

– In jedem der sieben Lernprozesse sind die Qualitäten der sechs anderen enthalten. Die Ich-Aktivität ruft immer Wärme hervor, jeder Schritt ist ein schöpferischer Vorgang, man benutzt immer die wahrnehmenden Sinne, jeder Schritt enthält ein atmendes Element usw.

– Die sieben Lernschritte finden sowohl nacheinander als zu gleicher Zeit statt – wie dies auch im Körper bei den Lebensprozessen der Fall ist, obwohl das nicht immer bewußt verläuft.

– Wenn ein Schritt übersprungen wird, zum Beispiel der vierte Schritt, die Individualisierung, wird der Lernprozeß gestört. Das kann auf die Dauer zu Schädigungen führen, wie mentale Fixierungen und zwanghaftes Verhalten.
Die heutige Nervosität ist u.a. auch dadurch hervorgerufen, daß viele unverdaute Lerninhalte im Menschen irgendwo stecken bleiben.

– Für die Gestaltung der sieben Schritte kann man Wahrnehmen (1. Schritt) und Neues schaffen (7. Schritt) als Polarität betrachten, wobei sie ein Einatmen und Ausatmen der Lehrinhalte darstellen. Individualisierung (4.) steht dann in der Mitte und bildet das Übergangsmoment zwischen Ein- und Ausatmen. Auch steht dann Erwärmung (2.) in der Mitte zwischen den ersten drei Schritten und das Wachstum in der Mitte der letzten drei. Die durch Enthusiasmus erzeugte jugendliche Wärme bildet den Zündstoff für das Wachsen neuer Fähigkeiten.

– Hier wird bis jetzt der Lernprozeß als ein geordneter Ablauf von sieben Schritten dargestellt. Auch der Unterricht kann demgemäß gestaltet werden, obwohl die Wirklichkeit im Menschen leider anders ist: Wir nehmen nicht wie ein unbeschriebenes Blatt Neues auf. In uns laufen immer viele Lernprozesse in irgendeinem Stadium ab. Auch können das Aufnehmen (1.), Sich-Verbinden (2.), Verarbeiten (3.) viel schneller ablaufen als das Erüben (5.) und Reifenlassen der Fähigkeiten (6.). Das erklärt die vielen «Sprünge», die man oft unerwartet beim Lernen macht. Der erwachsene Lernende hat somit die innere Aufgabe, verschiedene Lernprozesse miteinander in Einklang zu bringen. Ein gründliches Verständnis der sieben Schritte könnte dabei helfen.

Das Verständnis der Lernprozesse kann deshalb drei Hauptzielen dienen:

1. Für den Ausbilder gilt, alle Programme so zu gestalten, daß die sieben Lernprozesse gestützt und begleitet werden (siehe Kapitel 8).
2. Das Wichtigste: Der erwachsene Lernende kann durch dieses Verständnis auch die schlechteste Ausbildung erfolgreich für sich umgestalten. Er bestimmt dann seinen eigenen Lernprozeß (siehe Kapitel 13)!
3. Der Ausbilder sollte didaktisch so vorgehen, daß die sieben Lernprozesse geweckt und gefördert werden.

Der nächste Abschnitt wird sich mit dieser Frage befassen.

5.3. Didaktisches über die sieben Lernprozesse

5.3.1. Atmen – Aufnehmen – Beobachten

Alles, was den aktiven Gebrauch unserer zwölf Sinne verstärkt, wird diesen ersten Lernschritt fördern. Es gibt schon Ausbildungen, die jeden Tag eine halbe Stunde Wahrnehmungsübungen einbauen, was die Lernfähigkeit beträchtlich gesteigert hat. Die Sinne richtig und objektiv einzuschalten ist aber nur ein erster Schritt.

Ein zweiter Schritt wäre, durch gewisse künstlerische Übungen die Sinne zu verlebendigen, das heißt die Lebensprozesse immer mehr an den Sinnesaktivitäten zu beteiligen. Ein dritter Schritt wird dann sein, durch die Sinne hindurch die dahinterliegenden geistigen Realitäten gewahr werden zu können – ein wahrer goetheanistischer Weg, der jetzt aber zu einer Lerndidaktik werden soll, einem richtigen Schulungsweg.

Die oft peinliche Entdeckung dabei ist ein Stück Selbsterkenntnis. Denn unsere Sinne sind zwar selbstlos, unser Gebrauch der Sinne ist aber durch unzählige psychische Faktoren gefärbt, und die reine Beobachtung findet nicht oder wenig statt. Wer kann schon einem Redner offen und selbstlos zuhören oder ein Kunstwerk so betrachten, daß es deutlich zu uns spricht, oder einen Menschen in seiner Bildnatur wirklich schauen?

Als Grundhaltung muß hier Offenheit, Staunen, Verwunderung, ja Verehrung für die Sinnesphänomene fortwährend geübt werden, wie das unverdorbene Kind das noch kann. Der Ausbilder lebt dann mit der dringlichen Frage, ob er diese Grundhaltung durch sein Verhalten fördert oder stört. Da kann er vieles entdecken, wenn er spürt, wie sein Atmungsvorgang während des Unterrichts reagiert, noch mehr, wenn er die Teilnehmer fragt, wie sie mit ihrem Atemrhythmus auf ihn während des Unterrichts reagieren.

Durch die heutigen Umwelteinflüsse wie Radio, Fernsehen, Film, Lärm sind unsere Sinne schon beträchtlich abgestumpft. Eine Erwachsenenbildung, die sie wieder verlebendigt, betreibt schon Kulturtherapie.

Der Übergang von der Wahrnehmung zum Sich-Verbinden

Die Übergänge müssen immer didaktisch begleitet werden, weil jeder Schritt eine andere Einstellung verlangt. So offen und unbefangen der erste Schritt ist, so persönlich und subjektiv ist der zweite, denn hier wird das Aufgenommene verinnerlicht, man verbindet sich mit dem Lerninhalt, das Gefühlsleben wird bewußt eingeschaltet. Ein Lerninhalt wird von jedem anders empfunden, unsere ganze Biographie schwingt mit, und statt das als Störendes zu unterdrücken, wird es als Eingangstor zum vertieften Lernen angesprochen. Der Ausbilder muß die Empfindungen der Teilnehmer als wertvoll in den Lernprozeß mit hineinnehmen. So wird das unbefangene Aufnehmen umgestaltet zu einer Haltung, sich persönlich damit verbinden zu wollen.

5.3.2. Sich-Verbinden

Didaktisch bedeutet dies: Der Lehrende schließt an die Erfahrungswelt der Teilnehmer an, um die Erwärmung überhaupt möglich zu machen. Unser Ich erzeugt Wärme, wenn wir uns für etwas wirklich interessieren. Didaktisch verlangt dies, Enthusiasmus bei den Teilnehmern hervorzurufen. Der Ausbilder fördert das, wenn er ein starkes Interesse sowohl für das Thema als auch für den Teilnehmer aufbringen kann. Enthusiasmus wirkt ansteckend.

Dieses Sich-Verbinden aber muß letztlich als eine Ich-Aktivität des Lernenden stattfinden. Fertige, logisch ausgearbeitete Lerninhalte wirken lähmend, antipathisch. Unfertige, offene, fragende, untersuchende Vorgänge laden zur Beteiligung ein. Das Unzulängliche wirkt aktivierend. Ein Hilfsmittel für den Lernenden ist es, eine Lernstunde oder einen Vortrag, den man aufgenommen hat, innerlich abzutasten: Wo waren die Momente, bei denen man sich angesprochen fühlte? Was war für einen wichtig, was unwichtig? Was war wertvoll, was nicht? Was war sympathisch, was antipathisch? Nach einiger Zeit – unterstützt durch die Ausbilder – entsteht eine Wärme-Kälte-Struktur, eine erste Andeutung, wo bei einem selbst die wesentlichen Fragen liegen, wobei die Auflehnung genauso wichtig sein kann wie die Bejahung. Durch die warm abtastende Ich-Aktivität wird das, was von außen aufgenommen wird, der Ich-Organisation, der Wärme-Organisation angepaßt. Dieses Erwärmen vermenschlicht den Lehrstoff.

Es gibt in unserer Kultur viele Lehrformen, die gerade diesen zweiten Schritt umgehen wollen, ja verhindern. Lernen soll Aufnehmen und genaues Wiederholen sein, so daß man es möglichst mühelos von sich geben kann (programmiertes Lernen usw.). Damit aber wird die Ich-Aktivität, die Erwachsenenlernen zu einem faszinierenden Prozeß des Entdeckens machen sollte, gerade abgeschwächt. Um Enthusiast zu werden, braucht man die Kraft der Phantasie. Hinter dem kleinsten, scheinbar unbedeutendsten Phänomen verbirgt sich eine ganze Welt. Es gibt Ausbilder, die durch Märchen, Mythen, Legenden sowie durch eine bildhafte Art der Darstellung unseren toten Intellekt wieder zum phantasievollen Leben erwekken können. Sokrates hat es treffend formuliert: Was ist Unterricht – einen Eimer füllen oder ein Feuer anzünden?

Dieser Erwärmungsprozeß muß mit allen möglichen Mitteln angestrebt werden, weil er für die nächsten Schritte den Antriebsstoff bildet. Etwas lernen muß zu einem enthusiasmierenden Erkennen werden.

Um Erkenntnis zu gewinnen, muß man lernen, alles, was zynisch, kritisch, spottend oder haßerfüllt sich dem Dargebotenen gegenüberstellt, durch eine feurige Begeisterung zu verbrennen. Erst dann kann man sich wirklich damit verbinden, um es richtig erkennen zu können. Im nächsten Schritt, der Verdauung, ist kritisches Vergleichen, Konfrontieren, Befragen notwendig, aber erst, nachdem man dem Dargebotenen genügend Raum in sich gegeben hat.

So war der erste Schritt eine Reinigung unserer zwölf Sinne, der zweite eine Durchfeuerung unseres Innenlebens, so daß wir uns wirklich mit dem Inhalt verbinden können. Selbstverständlich gelten die sieben Prozesse für alle Arten des Lernens gleichermaßen: für intellektuelles, manuelles, künstlerisches Lernen usw.

Der Übergang vom Sich-Verbinden zum Verdauen und Verarbeiten

Hierzu muß der Selbständigkeitsdrang, die Autonomie des Ich, aufgerufen werden. Ein schöner Grundsatz dafür: nichts zu akzeptieren, was ich nicht verstanden habe, aber auch nichts zu verneinen, bis ich es wirklich verstanden habe. Dieser Grundsatz führt zu einer ständigen Unsicherheit, weil man nie etwas völlig versteht, sondern immer nur teilweise. Das Ich muß jetzt lernen, diese ständige Unsicherheit auszuhalten und durch die Verarbeitungs*aktivität* zu ersetzen. Der Ausbilder soll durch Beispiel und ständige

Ermutigung durch die vielfältigen Krisen der Verarbeitung des Gelernten hindurchhelfen, weil diese Tätigkeit oft großen Mut erfordert. Viel einfacher wäre es für den Lernenden, allen Unterrichtsstoff ohne eigene Auseinandersetzung zu akzeptieren. Auch wenn man physisch sehr aktiv ist, ist man geistig oft träge.

5.3.3. Verdauen und Verarbeiten

Es gibt unzählige Mittel, um aufgenommenen Lernstoff zu verarbeiten. Einige seien hier genannt.

– *Denkend verarbeiten:* Man liest seine Notizen, denkt darüber nach, konfrontiert sie mit anderen Auffassungen, versucht das Gegenteil zu denken und befragt sie: Wo stimmt etwas nicht? Ist es wirklich logisch, wirklichkeitsgemäß usw.? Man überprüft den Lerninhalt anhand von Beispielen.

– *Gefühlsmäßig verarbeiten:* innerlich nachklingen lassen, das Ergebnis des zweiten Schrittes verarbeiten, versuchen, das Aufgenommene künstlerisch auszudrücken, und dem nachgehen, was man dabei empfindet, das Wahrheitsgefühl sprechen lassen usw. Das gefühlsmäßige Verdauen gelingt, wenn man das Gefühlsleben schon einigermaßen als Erkenntnisorgan, als Sinn für Wahrheit, entwickelt hat.

– *Willensverarbeitung:* Dies ist der wichtigste Schritt, denn er führt schon an den nächsten Schritt, die Individualisierung, heran. Man konfrontiert das, was man aufgenommen hat, mit Grundüberzeugungen, mit denen man bisher gelebt hat. Man fragt nicht nur, ist es richtig oder ist es menschlich, sondern auch, ob es moralisch für mich vertretbar ist. Was bedeutet dieser Lernstoff in meiner Biographie? Warum muß ich dem erst jetzt begegnen? Wie verhält sich dieser Inhalt zu dem, wonach ich eigentlich suche?

Diese dritte Art der Verarbeitung kann sehr existentiell werden und sogar zu inneren Krisen führen. Es ist klar, daß bei einer guten Verarbeitung, die eine wirkliche Verdauung bedeutet, etwas von allen drei Komponenten mitspielen muß.

Im Grunde ist dieser Lernschritt ein Kampf zwischen alten und neuen Ansichten, zwischen Wärme- und Kälteempfindung, und ebenso ein Befragen der eigenen Absichten – aber dieser dritte Schritt braucht Mut. Eine «ermutigende» Didaktik soll der Ausbilder dafür entwickeln. Künstlerische Methoden können einen solchen Prozeß der Ermutigung sehr unterstützen.

Der Übergang vom Verarbeiten zur Absonderung
und Individualisierung

Der innere Kampf des Verarbeitens muß jetzt beendet und durch eine innere Ruhe sowie eine offene und lauschende Stimmung ersetzt werden. Diese Ruhepause kann von außen herbeigeführt werden; der Ausbilder bittet dann um Schweigen, Stille, ruhiges Nachsinnen. Sie kann aber auch vom Teilnehmer herbeigeführt werden, wenn er glaubt, genügend verarbeitet zu haben. In beiden Fällen mündet die verdauende Verarbeitung aber in eine Leere ein, eine Art inneren Hohlraum, in den etwas Neues hineinkommen kann.

5.3.4. Individualisieren

Dem Menschen ist in Wirklichkeit viel mehr bewußt, als er in seinem Tagesbewußtsein weiß. Sein höheres Wesen weiß, sein Gewissen weiß, in seinen unterbewußten Seelenregionen liegt eine ungeheure Weisheit.

In dem Zustand der Individualisierung und des ruhigen Nachsinnens nun kann etwas zum Durchbruch kommen, was jetzt individualisiert zum Lerneigentum wird. Dieser Durchbruch kann sich offenbaren als eine neue Einsicht, eine neue Idee, ein neues Verständnis. Das, was man weiß, wird zum Verständnis, einer Art Licht-Erlebnis. Es kann aber auch der Durchbruch eines neuen Erlebens sein, eines Wertgefühls, eines Schönheitsgefühls, eines Mitleidens, ja, die ganze unendlich große Skala der Gefühlswelt kann sich aussprechen. Sehr oft löst diese Individualisierung einen Willensimpuls aus. Ein Verständnis wird zum Entschluß oder zur Intention. Maßgebend aber ist, daß sich diese Erlebnisse für die Seele als Neues darstellen. Dadurch werden sie erst individualisiert.

Was ich lernend von außen aufgenommen und verarbeitet habe, ist jetzt mein Eigentum geworden.

Die Aufgabe des Ausbilders ist jetzt, solchen Erlebnissen die größtmögliche Aufmerksamkeit zu widmen. Diese Durchbrüche finden nämlich fortwährend statt, oft unbemerkt, weil sie sich durch den Alltagseinfluß schnell verflüchtigen. Die Möglichkeit eines Durchbruchs herbeizuführen und das Erlebnis festzuhalten wird Bestandteil des didaktischen Vorgehens; das kann auf viele Arten geschehen.

– Man kann am Ende des Tages eine Lernauswertung mit einer Ruhepause einrichten, in der sich jeder mit der Frage befaßt: «Was habe ich heute Wesentliches gelernt, und wie hat das stattgefunden?» Vielleicht findet dann der Durchbruch zu einem individuellen Lernen statt.

– Es gibt einen bestimmten Gruppenprozeß, bei dem die Teilnehmer einander helfen, ihr individuelles Ziel zu finden, nämlich sich zum Bewußtsein zu bringen, was die echte, wirkliche Frage des einzelnen ist. Gegebenenfalls führt das auch zu einem Individualisierungsvorgang, wenn es sich zeigt, daß keiner genau die gleiche Frage des anderen hat.

– Im allgemeinen wird die Individualisierung im Unterricht verstärkt, wenn eine Fragekultur statt einer Antwortkultur gepflegt wird. Antworten schließen einen Lernprozeß ab. Echte Fragen sind ein Anfang, haben eine Zukunft. Und unter diesem Gesichtspunkt könnte man sagen, daß die drei ersten Lernschritte ein Mittel waren, um die echte Frage in sich selbst erwecken zu können. Mit einer echten Frage leben schafft Geistesgegenwart.

Für einen erfolgreichen Vortragenden ist es ein gutes Erlebnis zu entdecken, daß er in einem Menschen etwas ausgelöst hat, das mit dem Inhalt des Vortrages fast nichts mehr zu tun hat. Der Vortrag war nur Mittel, um in dem Menschen etwas anderes zu erwecken.

Die Erwachsenenbildung als Willenserweckung kommt am stärksten zum Vorschein im Individualisierungsvorgang, didaktisch unterstützt durch die Erweckung des Erkenntnistriebs, des Entwicklungstriebs und des Verbesserungstriebs, wie sie in Kapitel 1 erwähnt wurden.

Die ersten vier Schritte des Lernprozesses können als ein Ganzes betrachtet werden. Sie führen von außen nach innen, wobei der vierte den Startpunkt für die letzten drei bildet. Ein Beispiel, wie man diese vier Schritte durch eine sogenannte Lerngruppenmethode begleiten kann, findet sich in Kapitel 15.

Der Übergang von der Individualisierung zum Üben

Wie schon erwähnt, ist die Gefahr des vierten Schritts, daß die «Eingebung» sich schnell verflüchtigt, vergessen wird und dadurch verlorengeht. Eine erste Regel ist deshalb, diese Erkenntnis sofort zu notieren, innerlich einige Male zu wiederholen oder anderweitig festzuhalten. Immer ein kleines Notizbuch bei sich zu haben lohnt sich, denn es kommt oft vor, daß der «Durchbruch» während einer ganz anderen Tätigkeit stattfindet, und dann muß man es sofort notieren können.

Der Ausbilder aber muß sich bewußt sein, daß die oft glänzenden Ideen, Erlebnisse oder Willensimpulse für die Teilnehmer zunächst nur eine innere Bedeutung haben. Damit sie sie in der Außenwelt realisieren können, muß noch ein langer Weg beschritten werden. Das verlangt, diesen Keim zu pflegen (dies ist der fünfte Schritt), ihn dann ruhig als neue Fähigkeit wachsen zu lassen (der sechste Schritt), bis er letzten Endes als ein schöpferischer Ausdruck in die Welt gesetzt werden kann (der siebte Schritt). Viele haben einen leichteren Zugang zu den ersten vier Schritten, andere mehr zu den letzten drei. Es geht aber um den gesamten Lernprozeß, und das macht den Übergang vom vierten zum fünften Schritt entscheidend.

In der Erwachsenenbildung ist reines Üben ohne Motivierung und ohne klares Ziel ungesund und sogar schädigend. Das heißt, daß der Antrieb, das Motiv für alles Üben aus der Individualisierung (dem vierten Schritt) geboren werden muß. Für den neuen Keim die wichtigste Übung zu finden wird jetzt erste Aufgabe des Ausbilders. Die zweite Aufgabe ist es, die richtige Einstellung zum Üben zu erzeugen.

5.3.5. Erhalten durch Üben

Wenn man etwas erhalten will, muß man es wiederholen – entweder mental oder manuell. Üben ist also der Erhaltungsvorgang des Lernprozesses. Im Körper geschieht die Erhaltung in der Nacht als eine Art Regenerierung. Das Schlafen macht es möglich, daß geistige Wesen in unserem Lebensleib alles wiederherstellen, was während des Tages durch unser Bewußtsein abgebaut worden ist. Körperliche Erhaltung sollte also mit geistiger Erhaltung korrespondieren; im Lernprozeß geschieht dies durch das Üben. Es stellt sich jedoch die Frage, wie unsere Übungen gehandhabt werden: ob sie *abbauen*, also zerstören, das Lebendige abtöten, oder *aufbauen*, das heißt Lebenskraft erzeugen, erfrischend sind und durch diese Kräfte jetzt eine neue Fähigkeit wachsen lassen.

Einige Hinweise für gesundes Üben:

– Das Motiv oder der Impuls zum Üben muß aus dem Individualisierungsprozeß hervorgehen. Für den Abbau gilt: Jede Idee, die dir nicht zum Ideal wird, tötet in deiner Seele eine Kraft; jede Idee, die aber zum Ideal wird, schafft in dir Lebenskräfte für den Aufbau. Dies soll zum Leitbild allen Übens werden.

– Im Hinblick auf den Schulungsweg beschreibt Rudolf Steiner oft, daß das meditative Üben bestimmte Lebenskräfte verbraucht, die wiederhergestellt werden müssen, wenn diese Übungen keine schädlichen Auswirkungen haben sollen. Die Wiederherstellung geschieht durch die sogenannten sechs Nebenübungen, die in verschiedener Weise beschrieben worden sind.[7]

Das gibt uns einen wichtigen Hinweis:

Im Lernprozeß soll das Üben so durchgeführt werden, daß die sechs Aktivitäten der Nebenübungen angesprochen werden. Diese sechs sollten hineingeheimnist werden in die Art, wie der Ausbilder das Üben gestaltet.

1. Eine Übung verlangt Konzentration (Wollen im Denken), duldet also kein halbbewußtes Nachahmen. Der Übende soll ganz dabei sein, voller Andacht und Aufmerksamkeit.

2. Ein Element des eigenständigen Handelns muß eingebaut werden (Denken im Wollen), das heißt, regelmäßige Variationen müssen angeregt werden. Es gibt einen feinen Unterschied zwischen phantasievoller Art des Übens und unwillkürlichem Spielen. Hier ist gerichtete Phantasie nötig.

3. Das rhythmische Üben soll nicht zur bloßen Routine oder zur rigorosen Disziplin werden, sondern das selbstregulierte Gefühlsleben soll es begleiten.

4. Die Liebe zum Üben um des Übens willen muß immer wieder angefacht werden (Positivität). Alles Langweilige, Antipathische, übertrieben Pflichtmäßige usw. schafft wieder Abbaukräfte.

5. Die Übung soll immer ein Gleichgewichtselement haben und durch innere Ruhe begleitet sein, also nichts Übertriebenes, Einseitiges darstellen.

6. Die Harmonie zum Ganzen wird gefunden, wenn die Übung Urbildcharakter hat und der ganze Mensch eingeschaltet ist. In der Praxis zeigt sich, daß man viele Übungen erproben muß, die man nachher wieder fallenlassen muß. Aber bestimmte Übungen bleiben und können immer wieder verbessert werden, weil sie wirksam sind und Urbildcharakter haben.
Mit Übungsvorgängen, die ein Abbild des geistigen Übens sind, können sich die geistigen Wesen in der Nacht verbinden und die Übung ebenso wie unsere Lebenskräfte dadurch stärken und verbessern.

– Es ist wichtig, daß für das Üben ein bestimmtes Umfeld geschaffen wird. Die Übung braucht ein *Zuhause*, in dem sie gedeihen kann, sie muß gepflegt werden. Diese Vorbereitung der physischen Umgebung, des seelischen Milieus, in Verbindung mit der geistigen Sinngebung ist genauso wichtig wie die Übung selbst. Man muß ihr die richtige Einbettung geben, damit diese ganz spezifische Aktivität gesund wirken kann.
Dies verlangt sehr viel vom Ausbilder. Davon hängt es nämlich ab, ob das übende Vorgehen zur Verhärtung und Festlegung

von außen führt oder eine fruchtbare Grundlage zu neuen Fähigkeiten wird. In Kapitel 10 wird näher beschrieben, wie man Übungen entwerfen und ausführen kann.

Unter didaktischen Gesichtspunkten ist es wichtig, die Stufen von Verdauung (dritter Schritt), Individualisierung (vierter Schritt) und Übung (fünfter Schritt) als ein dreigliedriges Ganzes zu betrachten. Verdauen und Üben bilden dann eine Polarität, in der eine offene Mitte entstehen kann. Die Verdauensaktivität hat einen aktiven, fast aggressiven, männlichen Charakter und das Üben einen intimen, versorgenden, weiblichen Charakter. Beide zusammen können in ihrer Mitte etwas gebären.

Der Übergang vom Üben zum Wachsen der Fähigkeiten

Diesen Übergang zu begleiten ist für den Ausbilder eine permanente Aufgabe, weil jede Übung zu einer Verhärtung führen kann oder einen Automatismus erzeugt, das heißt das Wachsen einer neuen Fähigkeit verhindert. Bei therapeutischen Übungen kann man zum Beispiel beobachten, wie besonders die unendliche Variation der Übungen heilend wirkt. Daher besteht für den Ausbilder die Aufgabe, beim Entwerfen von Übungen schon den Wachstumsvorgang im Auge zu behalten.

Der Unterschied zwischen Fertigkeit und Fähigkeit ist, daß eine Fertigkeit nur in bestimmten Situationen anwendbar ist, ziemlich automatisch verläuft und verhältnismäßig schnell zu lernen ist. Fähigkeiten dagegen erlauben jedesmal eine neue Anwendung in unterschiedlichsten Situationen, verlaufen deshalb nie ganz automatisch und wachsen langsam und kontinuierlich. Das Motiv des Übens kommt im Lernprozeß aus dem Individualisierungsvorgang, das Ziel des Übens liegt darin, neue Fähigkeiten wachsen zu lassen.

5.3.6. Wachsen der Fähigkeiten

Das Wachstum der Fähigkeiten verläuft im Unbewußten. Man könnte sich vorstellen, daß in unbewußten Regionen (in der Nacht) eine Begegnung der Übungen stattfindet, die zu einer Vermählung führt und eine Fähigkeit gebiert. Der Ausbilder schafft nun die Bedingungen, damit dies stattfinden kann. Dabei muß er bedenken, daß alles Lernen mit dem Erleben und Überwinden von Widerständen zu tun haben muß. Das Leben auf der Erde schenkt uns mögliche Lernsituationen. Unser Wille staut sich an ihrem Widerstand, wenn wir tätig zu sein versuchen. Diese Willensanstrengung aber verwandelt sich unbewußt in eine neue Fähigkeit; plötzlich kann man etwas, mental, emotional oder manuell, das man vorher nicht konnte.

Didaktisch bedeutet das, daß das Wachsen der Fähigkeiten am besten in Praxissituationen stattfindet. Das Üben findet noch in einer Ausnahmesituation statt. Das Anwenden in der Praxis bringt jedoch viele der Tätigkeiten, die man vorher geübt und gelernt hat, zu einer Art Synthese. Projektarbeit, Praxislernen, Lernen durch Erfahrung usw. sind didaktische Mittel dabei.

Die drei letzten Schritte, das Üben, Wachsen und Schaffen, gehen von innen nach außen und sind mehr willensorientiert; im Wachstum wird durch den «Widerstand der Wirklichkeit» die Umsetzung dieser Tätigkeiten zur Fähigkeit gefördert.

Hier ist es vielleicht am Platz zu bemerken, daß viele anthroposophische Ausbildungen zu stark klassenraumorientiert sind und viele das Praxislernen sehr vernachlässigt haben. Allerdings verlangt dieses Praxis- oder Projektlernen auch ganz besondere Unterrichtsmethoden des Ausbilders, der für diese Art des Unterrichtens oft nicht geschult ist.

Der Übergang vom Wachsen der Fähigkeiten zur Kreativität

Wenn einer der vorhergehenden Schritte nicht richtig vollzogen wurde, droht der siebte Schritt eine reine Wiederholung zu werden, eine Zusammenfassung des Gelernten ohne echten neuen Lernschritt. Wir sprechen hier über Erwachsenenbildung; das heißt, daß der erwachsene, ichbegabte, selbständige Mensch das, was sich in ihm lernend entwickelt hat, auf originäre Art in der Praxis realisieren sollte, und nicht, daß er etwas Angelerntes routinemäßig anwendet. Der Unterschied liegt in dem Übergang zum siebten Schritt. Der Ausbilder muß jetzt eine kreative Grundhaltung im Lernenden erzeugen. Schöpferisch sich zu betätigen gibt eine große Befriedigung, bringt aber auch eine starke Angst mit sich. Didaktisch ist die künstlerische Betätigung für die lernenden Teilnehmer die beste Hilfe – nicht um Künstler zu werden, sondern um die schöpferische Quelle in sich zu finden. Auch gewisse Formen von Gruppenarbeit, Projektarbeit und spezifische künstlerische Übungen können dazu beitragen.

5.3.7. Reproduktion – Schaffen

Die nach außen gewendete Haltung findet hier ihre höchste Steigerung, weil jetzt die von außen kommende Frage erkannt werden muß, ehe man sie auf eigenständige Art beantworten kann. Es ist also der umgekehrte Vorgang zu dem, was für den ersten Schritt des Wahrnehmens und Aufnehmens beschrieben wurde. Beim Malenlernen zum Beispiel kann man die Maltechnik meistern lernen, die Fähigkeit des Farbempfindens entwickeln, aber damit hat man noch nicht entdeckt, wie eine gewisse Farbe gemalt werden will. In der Ausbildung für soziale Berufe kann man sich viele soziale Formen und Prozesse aneignen, lernen, soziale Prozesse zu beobachten usw., aber dann kommt noch die Frage, wie man in einer bestimmten sozialen Situation (die immer einzigartig ist) in einem bestimmten Moment handeln soll und kann.

Willenserweckung bedeutet hier, daß man im Lernenden die Fähigkeit und Aktivität weckt, abzutasten, was in der Außenwelt, der er sich gegenübergestellt sieht, gewollt wird.

Der Ausbilder kann viele Lernsituationen schaffen, die dieses kreative Vorgehen heranbilden. Es gibt auch schon spezifische Seminare, die gezielt daran arbeiten, daß die Teilnehmer kreative Fähigkeiten entwickeln. Im folgenden wird sie als unentbehrliches Element jedes Erwachsenenlernprozesses beschrieben.

Der kreative Wille kann sich sowohl nach oben hin, im denkenden Erkennen, darstellen als auch nach unten hin, im Handeln und Verhalten, äußern. Der Ursprung beider Richtungen liegt aber im rhythmischen Menschen, in der beweglichen, spielenden, sich ver-

78

wandelnden Mitte. Der Ausbilder muß sich bewußt sein, daß jeder Mensch irgendwo eine schöpferische Quelle hat, aber auch etwas, das seine schöpferischen Möglichkeiten verhindert. Die Ausbildungskunst ist es, den passenden Ansatz zu finden, der die Quelle zum Fließen bringt.

Ein Künstler, der auch Ausbilder ist, hat mir einmal erzählt, wie sich bei ihm, während er ein Kunstwerk schafft, die sieben Lernprozesse abspielen:

1. Man nimmt eine Idee beispielsweise für ein Gemälde auf. Sie kommt immer von außen, aber wird eingeatmet, weil sie einen fasziniert, sie leuchtet ein. Der Künstler selbst schafft sich diese Wahrnehmung.

2. Die Erwärmung findet statt, sobald man an die Arbeit geht, wobei vieles unerwartet auftaucht, an das man sich anpassen muß. Der Künstler schafft sich die Wärme, verbindet sich immer mehr mit der Idee.

3. Jetzt kommen die Schwierigkeiten, weil man die sich darbietenden Probleme mit seinen bis jetzt erworbenen Talenten zu lösen versucht. Da muß man den Mut haben, sich wirklich in ein Chaos hineinzustürzen, alles Bekannte, Geübte, Vertraute wegfallen zu lassen. Der Künstler schafft sich einen Hohlraum.

4. Der Hohlraum ist in sich geschlossen, ein Ausnahmezustand. In diesem Leerraum kann das Ich die eigene Antwort finden, nicht das Talent. Das Wesen dieses Kunstwerkes wird geboren.

5. Dieses Wesen muß empfangen, geliebt, umsorgt werden, wobei man lernen muß, mit ihm seinem Wesen gemäß umzugehen. Der Künstler betreut und pflegt.

6. Dann schenkt das Wesen uns die Fähigkeiten, die es braucht, um in Erscheinung treten zu können. Der Künstler empfängt.

7. Schließlich wird das Kunstwerk vollendet, wobei der Künstler erlebt, daß er sich selbst dabei verwandelt hat. Das Kunstwerk hat auch ihn geschaffen – ein wahrhaft künstlerischer Lernprozeß.

Diese sieben Lernprozesse beim Schaffen eines Kunstwerkes in sich ganz bewußt zu machen wäre der Ausgangspunkt, von dem aus wir sie dann in die Praxis, in die Kunst des Unterrichtens von erwachsenen Studenten, überführen könnten.

Im oben geschilderten Beispiel war der dritte Schritt der kritische Punkt, weil hier sich zeigte, ob der Künstler sich wiederholen oder etwas Neues schaffen würde. Es läßt sich denken, daß bei anderen Menschen auch andere Schritte die maßgebenden Widerstände bilden.

Durch dieses Beispiel kann verdeutlicht werden, daß die durchgehende Ich-Aktivität die Vorbedingung ist, um die organischen, leibgebundenen Lebensprozesse in die geistigen Lernprozesse hinaufzuheben. Viele Kunstwerke zeigen noch nach außen projizierte leibgebundene Züge. Die Lebensprozesse müssen jedoch völlig in seelische Prozesse verwandelt werden. Rudolf Steiner beschreibt, wie in der künstlerischen Betätigung die ersten drei Prozesse dabei zum *Genießen* von Kunst führen und die letzten vier der *schaffenden* Kunst dienen. Bei der Verwandlung ins Seelische verbinden sich diese Prozesse auf neue Weise miteinander: Die ersten drei bilden eine Art neues Denken, die letzten vier eine Art neues Wollen, und der Rhythmus zwischen der dritten und der vierten Stufe ruft eine neue Art des Fühlens hervor.

Dies wird bestätigt durch die Erfahrungen, die man bei dem siebengliedrigen Prozeß des Erwachsenenlernens haben kann. Auch eine immer stärkere künstlerische Durchdringung dieser Lernprozesse wird das in naher Zukunft bestätigen.

Zum Schluß des Kapitels sei noch erwähnt, daß man auch den Weg des Schicksalslernens in sieben Prozessen beschreiben kann. Dies wird in Kapitel 12.5 dargestellt.

6.
Die Wiedergeburt
der sieben freien Künste

Bei vielen anthroposophischen Ausbildern, die nach neuen Wegen suchen, lebt eine Art Wehmut nach der wunderbaren Schule von Chartres, die am Ende des Mittelalters eine Hochblüte erlebte und dann plötzlich verschwand. Sie steht da als Ausbildungsideal, in dem die sieben freien Künste als sieben göttliche Jungfrauen dem frommen, ergebenen Schüler ihre Geheimnisse offenbaren. Wie der Unterricht genau war, ist schwer festzustellen, aber viele Schriften, Gedichte, Allegorien, fast mythologische Bilder sind überliefert. Für unser heutiges Bewußtsein ist es schwer zu verstehen, *wie* man dort lernte, weil es eigentlich ein Schulungsweg in die geistige Welt war und mit Berufausbildung nichts zu tun hatte. In der Tradition aber leben die «Seven liberal Arts» noch immer fort.

Das Leitbild der sieben Offenbarungsstätten ist uralt. Aus ihm heraus wurde immer gelehrt, oft unter anderen Namen: als «sieben Orakel», «sieben Planetenweisheiten», in Chartres als «sieben Wissenschaften»: 1. Grammatica, 2. Dialectica, 3. Rhetorica, zusammen auch Trivium genannt, 4. Arithmetica, 5. Musica, 6. Geometrica, 7. Astronomia, zusammen auch Quadrivium genannt.

Diese sieben Wissenschaften kann man überhaupt nicht mit den modernen Wissenschaften vergleichen, weil sie, wie schon gesagt, ein geistiger Schulungsweg waren. In Darstellungen aus der Kathedrale von Chartres kann man sehen, wie manche berühmten Wissenschaftler wie Phythagoras, Aristoteles, Euklid usw. diesen einzelnen Wissenschaften zugeordnet wurden. Es läßt sich verstehen, daß viele Ausbilder diese Schule von Chartres als Leitbild ansehen und versuchen, die sieben freien Künste wieder in den Unterricht zurückzubringen. Rudolf Steiner scheint auch angegeben zu haben, daß in einer modernen Berufsausbildung die sieben freien Künste, allerdings in verwandelter Form, wiedererstehen könnten (soweit mir bekannt, ist dies nur mündlich überliefert). Auch kann man in dem von ihm angegebenen Entwurf für die Eurythmieausbildung in Stuttgart Züge dieser sieben freien Künste gewahr werden. Deshalb sei versucht, das hier Geschriebene, soweit dies möglich ist, mit der Schule von Chartres zu vergleichen.

Als erstes fällt uns auf, daß der Mensch heute ein stark verändertes Bewußtsein, verglichen mit dem des Spätmittelalters, hat. Deshalb werden Lernprozesse auch ganz anders verlaufen als damals.

Naturwissenschaften und ihre Anwendung in der Technologie sind erst in der Neuzeit entstanden.

Die Geisteswissenschaft gibt uns viele aufklärende Auskünfte über diese Bewußtseinswandlung. Der Wendepunkt, an dem der Mensch von einer Gemüts- und Verstandesseelenverfassung zu einer Entwicklung der Bewußtseinsseele überging, liegt am Anfang des 15. Jahrhunderts. Das bedeutet unter anderem, daß man damals noch mit seinem Herzen denken konnte; Gedanken wurden durch das Gemüt belebt. Das Bewußtsein war vom mittleren, rhythmischen Menschen durchdrungen, wodurch Gedanken als Realitäten erlebt wurden. Die Auffassung wurde allgemein akzeptiert, daß Wissenschaften und Künste von Wesenheiten herkommen, die sich der Seele offenbaren können, wenn diese durch geistige Exerzitien, welche starke Gefühle von Ehrfurcht und Frömmigkeit hervorrufen, genügend vorbereitet war.

Diese Umgestaltung zum modernen Bewußtsein kann man sich kaum radikal genug vorstellen. Der Mensch wird ein Kopfmensch. (Haupt und Nervensystem sind die Bewußtseinsträger.) Er bekommt ein *Gegenstandsbewußtsein,* und er schaut die Dinge als unbeteiligter Betrachter von außen an. Dadurch wird er zum Materialisten. Er entwickelt einen Intellekt, der abstrahieren kann und ihn – viel mehr als früher – zu einem selbständigen, individualistischen Menschen macht. Für den Lernprozeß aber ist fast das Allerwichtigste, daß er seine zwölf Sinne zum ersten Mal in der Geschichte für die Beobachtung objektiv gebrauchen lernt, was ihm

82

die Grundlage für das Betreiben der modernen Wissenschaften verschafft. Übertrieben gesagt kann er jetzt zum Egoisten und Materialisten werden – von der Welt und seinen Mitmenschen entfremdet, aber selbständig.

Der «Lehrling von Chartres» und der heutige erwachsene Student sind deshalb grundverschieden veranlagt.

Der Schüler von Chartres empfing seine Weisheit von oben, offenbart von Lehrmeistern, die er hoch verehrte. Durch seine Gemüts- und Verstandesseelenverfassung konnte er dieses Wissen als lebendig und wesenhaft erfahren, und es machte ihn immer mehr zum Menschen, es veredelte ihn.

Der heutige Student muß mit Anstrengung seines individuellen Ich dieselben Lebensprozesse zu Lerninstrumenten umwandeln, damit er den Lernstoff wirklich aufnehmen, verwandeln und anwenden kann – ein Lernprozeß, der *von unten nach oben* geht und den Lernenden dadurch immer mehr zu einem selbständig erkennenden, aus eigener Anstrengung arbeitenden und sich entwickelnden Menschen macht.

Einer der größten und berühmtesten Meister von Chartres, Alanus ab Insulis, lehrte, daß man durch den Unterricht der göttlichen Jungfrauen sich einen Wagen bauen könne, um damit zum Himmel zu fahren, wo man dann eine neue Seele – seine wahre Seele – empfangen könne. Erst wenn man das vollbracht hatte, durfte man zur Erde zurückkehren und andere unterrichten.

Im vorigen Kapitel wurde beschrieben, wie man sich selbst in sieben Lernprozessen zu einem immer besseren Lerninstrument machen kann, das heißt einen Wagen bauen kann, mit dem man die drei Lernwege (siehe Kap. 3) «erfährt» und sie dadurch langsam, aber sicher zu einer höheren Synthese bringen kann.

Der Unterricht in Chartres war ganz freigehalten von der Berufsausbildung – deshalb der Ausdruck «freie» Künste. Berufsausbildung, soweit sie damals bestand, wurde anderswo abgehalten. Man nannte sie «schmutzige» Wissenschaften (etwa Jura und Medizin), weil damit Geld verdient werden konnte. Nur das allgemein Menschliche wurde gepflegt, das heißt, daß es eigentlich ein geistiger Schulungsweg war, ein Nachklang der alten Mysterien.

Die heutige Erwachsenenbildung dagegen wird sehr stark durch die Berufsausbildung geprägt, die verschiedenen Fakultäten der Universität sind Berufsausbildungen par excellence. Es wird mit diesem Buch aber gerade angestrebt, die Berufsausbildung wieder zu «humanisieren», sie wieder sozial fruchtbar zu machen und zu einem modernen Schulungsweg, einem geistigen Forschungsweg, werden zu lassen. Das Hauptziel von Chartres wird wieder innerstes Ziel einer modernen Berufsausbildung für Erwachsene.

In einer esoterischen Schrift, *Die chymische Hochzeit des Christian Rosenkreuz* von Johann Valentin Andreae, 1616 erschienen, wird der Übergang vom alten Schulungsweg zum neuen beschrieben. Er wird in imaginativen Ereignissen ausgedrückt, die für sich selbst sprechen und für unser Thema von Bedeutung sein können. Die sieben Freien Künste werden als sieben Könige dargestellt, die enthauptet werden, deren Blut aber aufgefangen und in je einer Vase aufbewahrt wird. Die Hauptperson des siebentägigen Geschehens, Christian Rosenkreuz, erlebt alle Ereignisse mit, sieht aber auch (zufällig?), wie in der Nacht die Leichen der sieben Könige in Schiffen aufs Meer gebracht werden. Dort schwebt über jedem Schiff eine Flamme, die Geister der enthaupteten Könige. Er weiß jetzt, daß diese Bilder die Umwandlung seiner eigenen Erkenntniskräfte darstellen. Der neue Weg zum Geiste hat sich durch die Verwandlung seiner Seele vollzogen.

Die Bilder sollen hier nicht interpretiert werden, zumal die Erzählung viel länger ist als hier angedeutet. Wir können aber die Frage stellen, ob bei der Verwandlung der sieben Lebensprozesse in die sieben Lernprozesse durch die Aktivität des Ich etwas von diesen Bildern wiederzufinden ist. Das alte Leben wird enthauptet, weil der Mensch ein Kopfmensch geworden ist und durch die Sinne akkurat beobachten lernt. Durch die Aktivierung der Lebensprozesse werden die zwölf Sinne aber wieder verlebendigt, und man lernt durch die *Sinne* hindurch das Wesentliche zu schauen.

Durch die Aktivierung der sieben Lebensprozesse kann man diese aber auch *ins Seelische verwandeln*, was zu neuen inneren Fähigkeiten in Denken, Fühlen und Wollen führt. Dabei bilden die ersten drei und die letzten vier Stufen eine Einheit, die als eine Art «Trivium» und «Quadrivium» erscheint.

Es liegt also nicht fern, in der Umwandlung der ursprünglich körpergebundenen Lebensprozesse zu seelischen und an den Sinnen orientierten Lernprozessen eine Wiedergeburt der sieben freien Künste zu sehen. Aber dafür muß das aktiv lernende Ich zur Flamme werden; es muß das von außen Aufgenommene verbrennen, damit das Neue in uns individuell geboren werden kann. Im Lernen des Erwachsenen muß das Ich zur Flamme werden und kann dadurch den in unserem Organismus wirkenden Willen erwecken.

Dies zu ermöglichen kann zum Grundprinzip der Erwachsenenbildung werden.

Teil 2: Lernformen

7.
Die Beziehung Lehrer / Ausbilder – erwachsener Teilnehmer

Wenn man versucht, die Beziehung zwischen dem Lehrer/Ausbilder und dem Teilnehmer in der Erwachsenenbildung zu bestimmen, dann merkt man, daß dieses Verhältnis noch stark von der Vergangenheit geprägt ist. Das fällt einem schon an den Bezeichnungen auf: Dozent – Student, Meister – Lehrling, Lehrer – Schüler. Schon dieses Hierarchieverhältnis der Namen ist suggestiv.

Da wir aber hier versucht haben, diese Beziehung zweier erwachsener Menschen als eine Begegnungsform darzustellen (siehe Kapitel 4), sei hier die Bezeichnung Ausbilder – Teilnehmer gewählt, die soviel wie möglich zum Ausdruck bringen soll, daß ein gleichberechtigtes Verhältnis unter Erwachsenen angestrebt wird.

In älteren Kulturen findet man immer wieder, daß diejenigen, die unterrichteten, die Weisen, die Wissenden, die Fortgeschrittenen waren. Sie waren die Gurus, die Eingeweihten, die ihre Weisheit offenbarten und den Lernweg, streng geregelt, vorschrieben. Der Lehrling, Schüler, Adept schaute in voller Ehrfurcht zu ihnen empor, in Hingabe und Treue an das, was da gelehrt wurde.

Von diesen beiden Grundstimmungen wirkt noch vieles nach in unseren heutigen Ausbildungsstätten und an den Universitäten. Deren Überwindung ist ein mühsamer Weg für Ausbilder und Teilnehmer zugleich. Das zeigen schon die Abarten wie verkrampftes Autoritätsstreben und aggressive, destruktive Auflehnung dagegen.

Es ist oft nicht einfach, den Teilnehmern zu helfen, daß sie die volle Verantwortung für ihren eigenen Lernprozeß selbst übernehmen. Auch für den Ausbilder ist es schwierig, seine größere Erfahrung, sein Wissen und Können auf einem bestimmten Gebiet so anzuwenden und zu gestalten, daß es den Weg der Teilnehmer unterstützt, aber nicht zwingend bestimmt.

Dies erfordert aber erstens eine Änderung der Haltung und des Verhaltens des Ausbilders. Seine Erfahrung und sein Können und Wissen sollen jetzt eigentlich nur als Mittel für die Entwicklung anderer dienen. Statt Führer sollte der Ausbilder heute ein «Ermöglicher» sein und Dankbarkeit und Freude daran erleben, daß er bei der Entwicklung eines Mitmenschen helfen darf. Fortgeschritten sein auf einem bestimmten Gebiet bedeutet ein «Möglichmachen» für den anderen – das Lernen des anderen zu ermöglichen und ihm einen Weg zu zeigen.

Wie steht es nun, zweitens, bei den Teilnehmern, den Studenten, Schülern, Lehrlingen? Wie können sie beim «Lernen zu lernen» schon die Grundhaltung entwickeln und erkennen, die ihnen zeigt, daß das Erwachsenenlernen eine selbständige, selbstentzündete Ich-Aktivität und Ich-Wärme erfordert? Daß Erwachsenenlernen immer ein selbständiges Urteilen, die Haltung eines Fragenden, Abtastenden, Suchenden, Untersuchenden, ja Forschenden verlangt? Alles passive, abhängige Hinnehmen, auf Autoritätsglauben gestützt, soll verschwinden. Erst dann ermöglicht der Teilnehmer, daß der Ausbilder wirklich zu einem Diener des Erwachsenenlernprozesses werden kann.

Die beiden neuen Grundhaltungen unterstützen und bestimmen einander. Sie machen einander möglich.

Ein hilfreicher Grundgedanke für die Teilnehmer ist:

– Nie einfach etwas völlig akzeptieren, bevor man es wirklich verstanden hat.

– Nie einfach etwas ablehnen, bevor man es wirklich verstanden hat.

Hilfreich für den Ausbilder ist zum Beispiel, wie er mit Fragen umgeht.

Es gibt zwei Hauptkategorien von Fragen: diejenigen, die *inhaltlich* orientiert sind (was ist es? warum? wozu?) und offensichtlich eine gedankliche Antwort verlangen, und diejenigen, die einen

Willenscharakter tragen und mehr eine Entscheidung verlangen (Was soll ich tun? Was muß ich werden? Welchen nächsten Schritt muß ich gehen? etc.).

Der Ausbilder kann sehr leicht der Verführung verfallen, die Inhaltsfragen inhaltlich zu beantworten, die Willensfragen dann mit einer Entscheidung zu beenden. Dadurch ist der Ausbilder wieder in der alten Autoritätsrolle, und der selbständige Lernprozeß ist beeinträchtigt.

Ein umgekehrtes Vorgehen kann oft ein anderes Lernen auslösen:

– Für Inhaltsfragen sei ein Weg angegeben, mit dem der Fragende selbst eine Antwort finden kann.

– Für Willensfragen – die oft existentiell sind – sollte ein Leitbild gegeben werden, so daß der Fragende dann seine eigene Willensrichtung selbständig finden kann.

Das heißt also: auf Gedankenfragen einen Willensweg geben und auf Willensfragen mit einem Gedankenbild antworten, das den Willen des anderen frei läßt.

Auf diese Weise wird ein erwachsener Mensch völlig anerkannt. Auf die Frage «Wie kann ich das Leben verstehen?» antwortete Rudolf Steiner einmal: «Studieren Sie den Rhythmus.» Auf die Frage der Jugend zu Beginn der zwanziger Jahre, was sie angesichts der entscheidenden Zeitereignisse tun sollten, antwortete er, sie sollten dem Zeitgeist (Michael) einen Wagen bauen. Da er schon vieles über den Geist der Zeit gesagt hatte, wirkte dieses Bild als ein Willenserwecker.

Sollen nun Teilnehmer und Ausbilder zusammen den Lernprozeß gestalten, so wird unumgänglich, daß beide ihre mitmenschlichen Beziehungen pflegen müssen, denn diese mitmenschliche Beziehung wird zum Schiff, das den Lernprozeß tragen soll. In Kapitel 2 wurde bereits angedeutet, daß der Ausbilder während seiner Schulung lernen muß, ein «helfendes Gespräch» zu lenken. Und der Teilnehmer muß beim «Lernen zu lernen» die Fähigkeit entwickeln, einem Ausbilder so zu begegnen, daß dieser sein Bestes geben kann. Es kann für seinen Lernprozeß sehr nützlich sein, wenn der Teilnehmer lernt, wie er sich zu seinem Lehrer stellt und ihm begegnet.

In der Praxis gibt es immer Spannungen, Blockaden, Konflikte zwischen Ausbildern und Teilnehmern. Dort, wo es gelingt, diese als wesentlichen Teil des Lernprozesses zu betrachten und konstruktiv und mitmenschlich damit umzugehen, zeigen sich oft die schönsten Früchte für den geistigen Schulungsweg beider. Und damit sind wir bei der dritten Ebene der Beziehung Teilnehmer – Ausbilder angelangt.

Erste Ebene: Bewußtes Ziel und Sinn der Beziehung ist die Gestaltung des Lernprozesses.

Zweite Ebene: Notwendig ist, daß die mitmenschliche Begegnung fortwährend gepflegt wird. Dabei kann ein Stück «Schicksalslernen» entstehen.

Dritte Ebene: Im Sinne der drei Lernwege (siehe Kapitel 3) beinhaltet der Lernprozeß auch den geistigen Schulungsweg.

Die Beziehung zwischen Ausbilder und Teilnehmer zeigt eine neue Dimension. Der Ausbilder wird beratender Freund bei der Problematik des Schwellenübergangs von der Sinneswelt zur geistigen Welt.

Da schon bei intensiven Berufsausbildungen heute immer mehr Schwellenerlebnisse aufkommen, ist das nicht so weit entfernt, wie oft angenommen wird. Dort, wo diese dritte Ebene wirksam wird, hat sie eine intensivierende Wirkung auf die beiden anderen.

Zusammenfassend also sollte eine dreifache Beziehung angestrebt werden:

1. Ermöglichen und Gestalten des Lernprozesses;

2. mitmenschliche Begegnung, die das Schicksalslernen mit hineinnimmt;

3. beratende Freundschaft, bei der das Verständnis der gegebenen Hinweise zum entscheidenden Aspekt des Schulungs- und Forschungsweges wird.

Auf der ersten Ebene ist der Ausbilder im Hinblick auf den Lehrstoff, auf das Fachliche und die Erfahrung dem Teilnehmer weit voraus, sonst kann er kein Ausbilder sein. Er stellt sein Wissen, Können und seine Erfahrung dem Teilnehmer zur Verfügung. Er ist also im fachlichen Sinne (nicht menschlich) ein Sachverständiger.

Auf der zweiten Ebene, wo es um die mitmenschliche Beziehung geht, wird es immer das Ziel sein, eine Gemeinsamkeit zu entwickeln. Das ist die einzige Möglichkeit, eine wahre Beziehung zu pflegen. Die Schwächen und Stärken, die Eigentümlichkeiten, die Möglichkeiten und Unmöglichkeiten beider werden berücksichtigt.

Die dritte Ebene aber zeigt, daß der Teilnehmer im Mittelpunkt steht und der Ausbilder sich dessen einzigartigem Schulungsweg unterordnet, sich zu ihm dienend ins Verhältnis setzt. So zeigt sich hier ein Gegensatz zur ersten Ebene; die zweite Ebene steht als Ausgleich in der Mitte.

Diese drei Einstellungen und Verhaltensweisen sinnvoll abzuwechseln ist Aufgabe des Ausbilders und des Teilnehmers. Es gehört zum «Lernen zu lernen» jedes Erwachsenen und zum Berufsweg des Ausbilders, dies anzustreben. Dort, wo man so etwas bereits praktiziert, wird dieses dreifache Verhalten oft auch zwischen Ausbildern und Teilnehmern regelmäßig besprochen und dadurch verbessert, damit der Lernprozeß entsprechend seiner ihm innewohnenden Möglichkeiten sich optimal entfalten kann.

8.
Die Seminargestaltung – das integrierte Programm

Bestimmte kurze Seminare, Kurse, auch längere Lehrgänge zeigen oft einen pionierhaften Beginn, Wachstum und Reifezustand und ein langsames Abflauen; also eine Geburtsphase, eine Lebensphase und einen Sterbeprozeß – mit anderen Worten: eine Biographie. Es gibt auch viele Kurse, die sozusagen «einmalig» sind und dann sofort sterben. Es ist auch nicht ungewöhnlich, daß ein neuer Kurs dreimal durchgeführt werden muß, bis er ordentlich arriviert und anerkannt ist. Die zweite Durchführung des Kurses ist oft mit Krisen verbunden, und beim dritten Mal ist man dann «den Kinderschuhen» entwachsen. Während des Ablaufes, von Seminaranfang bis -ende, geschieht vieles zwischen, durch und mit den Teilnehmern. Am Ende des Seminars ist es dann «Ereignis» geworden und lebt in den Teilnehmern und Ausbildern weiter fort. Kurz gesagt: Ein Seminar ist ein Wesen, das von Ausbildern und Teilnehmern gemeinsam zum Leben erweckt wird.

Es kann ein zerstückeltes, selbst ein krankmachendes Wesen sein oder aber ein organisches, ganzheitliches, erweckendes, sich entwickelndes, das sich heilend und willenserweckend auf Teilnehmer und Ausbilder auswirkt.

Dabei hängt natürlich fast alles davon ab, wie das Seminar gestaltet ist und wie es abläuft. Deshalb strebt man immer mehr an, ein Seminar als Organismus zu gestalten, in dem alle Teile sich ergänzen, sich gegenseitig unterstützen, vertiefen und gemeinsam mitbestimmen. Das nennt man dann ein *integriertes Programm*. Die Art und Weise und die Intensität der Vorbereitungsarbeit sind für das Leben des integrierten Seminars bestimmend (siehe auch Kapitel 4).

8.1. Das integrierte Programm

Man kann ein integriertes Programm von verschiedenen Aus-
gangspunkten her gestalten. Wir wollen hier einige verschiedene
Integrationsmerkmale beschreiben, die oft im Gegensatz zu-
einander stehen. Aus diesem Grunde ist es sehr wichtig, daß ein
Integrationsmerkmal der Art und dem Ziel der Ausbildung entsprechend gewählt wird. Eine Kunstausbildung muß anders integriert werden als ein wissenschaftliches Seminar oder etwa eine
spezifische Fachausbildung. Ein bekanntes und sehr allgemeines
Integrationsmerkmal ist das Integrieren der Lernelemente selbst.

8.1.1. Die Integration der Lernelemente

Folgende Lernelemente kann man unterscheiden:

- Vorträge
- Gruppenarbeit
- Künstlerische Aktivitäten
- Spezifische Übungssituationen
- Projektarbeit
- Tagesanfang und Tagesende

Jedes dieser Lernelemente verlangt vom Ausbilder und Teilnehmer
eine andere Haltung und Einstellung, regt andere Fähigkeiten an und
zeigt einen anderen Aspekt des Lernprozesses. Die Lernprozesse
sind unterschiedlich. Beim Vortrag beispielsweise wird das Dargebo-
tene hinhörend verarbeitet, in der Gruppenarbeit zusammen durchgearbeitet, bei künstlerischen Aktivitäten wird schaffend, erlebend,
entdeckend vorgegangen, in der Übungssituation eignet man sich
eine Fähigkeit an, und bei Projektarbeiten wird u.a. die Anwendung
des Gelernten eingefordert, Selbstdisziplin und Verantwortung benötigt, eine realistische Zeitplanung und manches andere verlangt.
   Jedes dieser Lernelemente spricht also andere Teile unseres
Wesens an.

In der Praxis findet man diese Lernelemente oft in kombinierter Form, wie zum Beispiel beim Lehrgespräch, in Lerngruppen, bei Kunstübungen usw. Es geht hier aber darum, diese Grundlernvorgänge so zu einer Ganzheit zu gestalten, daß jedes Element die anderen verstärkt, vertieft, ergänzt, so daß ein Organismus der Lernelemente entsteht.

Es ist ja oft überraschend, wie verschieden doch die Teilnehmer das Wesentliche erleben, eine persönliche Entdeckung machen und zu sogenannten «Aha!»-Erlebnissen durchbrechen. Bei dem einen geschieht dies während eines Vortrages, bei dem anderen durch einen Vorfall im Gruppengespräch, bei dem Dritten durch ein Farb-, Ton- oder Formerlebnis. Das Wesentliche aber ist, daß dieser Durchbruch durch die organische Zusammenstellung der Lernelemente zustande kommen kann.

8.1.2. Vertikale und horizontale Integration

Die *vertikale* Integration hat mit der Programmfolge an einem Tag zu tun, die *horizontale* Integration mit dem Programmaufbau in Tagen, Wochen, Monaten, selbst auch Jahren.

Die vertikale Integration schafft einen direkten Zusammenhang aller Lernelemente an *einem* Tag. Wird zum Beispiel eine wichtige Frage am Tagesanfang gestellt, so wird diese in den Teilnehmergruppen besprochen, in dem nächsten Vortrag vertieft, am Nachmittag dann übend erfahren und am Ende des Tages künstlerisch erlebt, so daß dann in der Tagesrückschau das Wesentliche entdeckt werden kann. Man kann das in vielen Variationen gestalten, mit dem Hauptziel aber, den Tag zu einer Ganzheit organisch zu integrieren. Die vertikale Integration ist sehr bedeutend in der Erwachsenenbildung, da der Tagesrhythmus den Ich-Rhythmus anspricht.

Das Ich lebt am Tag und in der Nacht (also 24 Stunden), und wenn der Tageslernprozeß ganz integriert ist, dann ist die Verarbeitung in der Nacht und im Traumbewußtsein auch intensiviert. Man erreicht dadurch oft ein höheres Lernbewußtsein, eine stärkere Motivation und einen gestärkten Lernwillen, weil durch die vertikale Integration das Ich-Bewußtsein stark angesprochen wird.

Bei der horizontalen Integration liegt das Wesentliche in der Wiederholung. Man weiß doch, daß sich ohne regelmäßiges Üben über Tage und Wochen wenig erreichen läßt, wobei die Ruhepausen zwischen den Stunden ganz wichtig sind. Es braucht Zeit, um eine neue Fähigkeit entwickeln, um ein echtes Verständnis begründen, um sich mit etwas Neuem vertraut machen zu können. Dabei ist aber der Rhythmus sowie der Aufbau der Lernstunden maßgebend.

In der Praxis stehen die beiden Integrationsrichtungen oft miteinander in Konflikt. Die Tagesintegration stört die horizontale Integration. Die Horizontale kann als Fremdkörper in einem Tagesablauf erscheinen. Es ist die Frage zu stellen, wie sich die beiden Richtungen integrieren lassen, da beide so wertvoll sind. Es läßt sich denken, daß zum Beispiel über eine Woche ein täglicher thematischer Aufbau gestaltet wird (Vertikale), dazu wird dann mit jedem Tag ein nächster thematischer Schritt eingebaut (Horizontale). Dieser Wochenaufbau muß dann durch Übungen, Gruppenarbeit, Kunst etc. rhythmisch gestaltet sein (Horizontale), wobei diese Arbeiten natürlich das Tagesthema jeweils unterstützen.

Ein gutes Mittel, um Vertikale und Horizontale zu integrieren, ist auch die Einfügung einer Übung zum Tagesbeginn, die «Brückenbaucharakter» hat. Das bedeutet: Am Morgen wird an den vergangenen Tag angeknüpft und die Brücke zu dem heutigen geschlagen. In manchen Kursen bittet man auch die Teilnehmer selbst, diese Brücke zu gestalten. Am Tagesende wird dann der abgelaufene Tag ausgewertet und der nächste Tag vorbereitet; auch dies hat einen Brückencharakter!

Jedesmal, wenn es gelingt, die Horizontale und Vertikale integrierend zu verbinden, zeigt sich eine beachtliche Verstärkung des Lernprozesses. Ausbilder, die keine Zeit zu haben glauben für einen solchen Tagesbeginn und eine Tagesrückschau, unterschätzen die Lernproduktivität dieser Vorgänge und übersehen damit den Verlust, der durch diese Vernachlässigung entsteht.

Tagesanfang und Tagesende sind bereits in sich vorzügliche Integrationsmittel.

Es ist klar, daß sich ein solches integriertes Programm doch nur von einem integrierten Team von Ausbildern durchführen läßt, denn von der wirklichen Zusammenarbeit hängt alles ab. Darüber sprechen wir später noch einmal (siehe Kapitel 15).

8.1.3. Inhaltsintegration

Hier ist eine bestimmte Frage oder ein formuliertes Thema der Mittelpunkt, dem alle Aktivitäten zugeordnet werden. Der Verfasser erinnert sich noch heute mit Freude an eine einwöchige Veranstaltung, in der die Frage «Was ist Farbe?» im Mittelpunkt stand. Alle Aktivitäten wurden diesem Thema gewidmet; Lichtexperimente, Naturbetrachtungen, Farbeurythmie, Malen, Sprüche und selbst Vorträge brachten alle eine ungeheure Vertiefung dieser einen Frage. Am Ende der Woche war es kein Thema mehr, sondern ein lebendiges Erlebnis der Farbe geworden, mit vielen neuen unerwarteten Fragen, die noch sehr lange weitergewirkt haben.

Es ist wichtig, daß man *ein* Thema nimmt, das sich klar definieren läßt und durch längere Zeit unter vielen Gesichtspunkten und mit vielen Mitteln durchgearbeitet wird.

Die meisten Programme sind inhaltlich überfüllt, was dann Oberflächlichkeit und abstraktes Vorgehen mit sich bringen kann.

Eine Variante zur Inhaltsintegration ist die Zielintegration: Man will mit einer Teilnehmergruppe ein klares Ziel erreichen, zum Beispiel erfahren, was Gruppenentwicklung ist oder das Erkennen von Wachstumsgesetzen.

8.1.4. Rhythmusintegration

Es ist noch viel zu wenig untersucht worden, wie man bei der Seminargestaltung Rhythmen einbauen und auch allen Aktivitäten ein rhythmisches Element verleihen kann. Sicher jedoch ist, daß es eine integrative Wirkung hat, wenn man eine Struktur rhythmisch gestaltet. Dies merkt man bereits, wenn zum Beispiel die Anfangszeiten plötzlich gewechselt, Teile des Programmes unerwartet ausgetauscht, einseitige Aktivitäten überbetont werden etc. Der Mensch ist nun mal ein rhythmisches Wesen und soll deshalb auch an einer rhythmischen, lebendigen Seminargestaltung teilnehmen können. Jedes einzelne Lernelement muß rhythmisch gestaltet werden. Es ist interessant, einmal seinen Atem beim Anhören eines Vortrages zu beobachten: Atemnot beim

Dauerredner, Erschöpfung beim Anhören von Menschen, die viele Worte gebrauchen, um wenig zu sagen.

Im allgemeinen läßt sich sagen, daß arhythmisches Vorgehen schädlich wirkt, während eine rhythmische Seminargestaltung heilend und gesundend wirken kann.

Einzelne maßgebende Rhythmen, die man unterscheiden kann, sind: Tagesrhythmus, Drei-Tage-Rhythmus, Wochenrhythmus, Monats- und Jahresrhythmus. Es geht bei diesen Rhythmen darum, das sich im Körper inkarnierende und exkarnierende Ich durch die Art des Unterrichts zu begleiten.

– Tagesrhythmus: Wie bereits besprochen, hat dieser Rhythmus mit der Ich-Entwicklung zu tun (vertikale Integration). Man ist am Morgen, Mittag und Abend meistens in unterschiedlicher Verfassung. Deshalb wird oft versucht, die Lernelemente entsprechend einzuteilen, wobei die Erfahrung zeigt, daß es nicht so sehr um das Lernelement geht, sondern hauptsächlich um die Art, wie man es handhabt. Eurythmie nach dem Mittagessen kann sowohl wohltuend als ganz störend sein, ein Vortrag vor dem Abendessen erschöpfend oder aufweckend.

– Drei-Tage-Rhythmus: Ein Drei-Tage-Seminar wirkt ganz anders als ein Kurs von zwei oder vier Tagen. Die Beziehung des Ich zum Zeitgeschehen ist hier wichtig. 1. Tag: Der Seminaraufbau: Vergangenheit verstehen. 2. Tag: Gegenwart erleben. 3. Tag: Zukunft vorbereiten. Dieser Rhythmus für kurze Seminare ist sehr wirksam.

– Wochenrhythmus: Der Wochenrhythmus hat mit der Seelenentwicklung zu tun. Es ist der Entwicklungsrhythmus par excellence. In der Geschichte entsteht die Woche ungefähr 3000 v. Chr., als die Menschheit sich zu verinnerlichen beginnt. Jeder Wochentag hat einen eigenen Charakter, und zusammen bilden sie eine Totalität. Seminare, die nach Wochen gegliedert sind, in denen in jeder Woche ein eigenes Thema oder eine eigene Zielsetzung bearbeitet wird, haben sich bei der Erwachsenenbildung sehr bewährt, da Seelenentwicklung und Lernprozeß eben doch sehr verwandt sind. Daß das Seminar nie genau eine volle Woche dauert, stört wenig, da der Sonntag immer schon als Ruhetag betrachtet wird.

- Monatsrhythmus: Er hat mit unseren Gewohnheiten zu tun. Es scheint vier Wochen zu dauern, bis wir uns eine neue Geschicklichkeit, Gewohnheit oder Eigenschaft aneignen. Auch Denkmodelle und Methoden scheinen vier Wochen zu brauchen, bis sie in unserem «Gewohnheitsleib» «sitzen». Dabei kann ein Aufbau von viermal je einer Woche, wobei die vier Wochen ein Ganzes formen, die Monatsintegration noch verstärken.

  Wochenrhythmus und Monatsrhythmus verstärken einander, ebenso ein Aufbau von dreimal einer Woche.

- Jahresrhythmus: Der Jahresrhythmus hat mit unserem physischen Körper zu tun. Wir zählen unser Alter in Jahren. Deshalb verlangen viele Ausbilder einen Jahresaufbau, weil erst dann das Gelernte den ganzen Menschen durchdrungen hat. Damit wird es unser Eigentum, und man kann es selbständig in der Außenwelt anwenden. Es ist zum Beispiel gut, sich mit einem Thema ein Jahr lang zu befassen, damit zu leben und zu arbeiten, bevor man öffentlich darüber Vorträge hält. Dieser Rhythmus würde dann vielen der Zuhörer wohltun.

Über die rhythmische Durchgestaltung der Lernprozesse ist natürlich noch viel mehr zu sagen; hier seien diese Aspekte nur erwähnt als Mittel zur Programmintegration.

8.1.5. Projektintegration

Eine Lernform, die inzwischen allgemein anerkannt ist, ist das Projektlernen. Hierbei wird eine bestimmte Aufgabe gestellt, bei der man alles Gelernte in die Praxis umsetzen kann und eine dazu geeignete Anwendungsform finden muß.

Die Überwindung der Willensbarriere spielt hier eine große Rolle.

Eine der einfachsten Formen ist, das Lernresultat am Ende des Seminars den anderen Teilnehmern in künstlerischer Gestaltung vorzuführen. Das hat schon eine beträchtliche integrative Wirkung.

Projekte kann man individuell oder in Gruppen durchführen. Im letzteren Fall ist die Zusammenarbeit der Teilnehmer ein wesentlicher Bestandteil und braucht deshalb oft einen erfahrenen Projektbegleiter. «Projektlernen» kommt in sehr vielen Formen vor und gewinnt immer mehr an Bedeutung. Es gibt schon kurze Lehrgänge, die auf «lebensnahen» Projekten aufgebaut sind; dabei werden Übungen, Theorien und Methoden nach Bedarf noch hinzugefügt.

8.1.6. Strukturintegration

Man kann die Erfahrung machen, daß der *Inhalt* eines Vortrages kritische Elemente und selbst Antipathie im Zuhörer anspricht, die *persönlichen* Aspekte und Beispiele im Vortrag dagegen verbindend wirken. Die Grundstruktur wirkt meistens auf den Willen. Eine klare und urbildliche Grundstruktur kann deshalb speziell bei längeren Ausbildungen den Willenseinsatz der Teilnehmer fördern. Umgekehrt kann ein unzusammenhängender, willkürlich gestalteter Lehrgang verunsichern und lähmend wirken. Und ein überstrukturierter, zu sehr festgelegter und zu detaillierter Lehrgang hat ähnliche Wirkungen, nämlich den Teilnehmer zu demotivieren.

Einige Grundstrukturen seien hier genannt:

– Ein zwölf Wochen dauerndes Semester wurde aufgebaut auf dreimal vier Wochen, jede Woche mit eigenem Lernziel. Das allgemeine Ziel war: Entwicklung sozialer Fähigkeiten. Die ersten vier Wochen: soziale Fragen, Konzepte, Impulse kennenlernen. Die zweiten vier Wochen: die gleichen Fragen jetzt in «zwischenmenschlichen Beziehungen» erfahren und persönlich erleben. Die dritten vier Wochen: Anwendungen praktizieren. Diese drei Zielsetzungen wurden dann vertieft und ausgearbeitet im zweiten und dritten Semester.
Die vier Wochen aber hatten die Struktur von drei plus eins. Das heißt: drei Wochen intensiv aufnehmen und lernen, wobei hauptsächlich mit den Elementen des Vorstellens, Erfahrens und Übens gearbeitet wurde. Die vierte Woche war ganz dem Verdauen, Vertiefen und Integrieren der ersten drei Wochen ge-

widmet, wobei kein neuer Lernstoff behandelt wurde. Diese Grundstruktur wurde jede Woche besprochen und hing als Überblick an der Wand. Die Teilnehmer wußten somit immer, an welcher Stelle im Lernprozeß sie waren und warum und wie alles mit dem Ganzen zusammenhing. Variationen der Grundstruktur konnten unterwegs nach Wunsch eingebaut werden. Die mittragende Verantwortung der Teilnehmer war ziemlich stark, die Wiederholung der Grundstruktur 3 + 1, 3 + 1, 3 + 1 wirkte motivierend.

– Eine ganz andere Struktur ist die sogenannten Treppenstruktur. In einem neunwöchigen Kurs wurde jede Woche ein Hauptthema oder eine Frage in den Mittelpunkt gestellt. Die neun Themen aber bauten aufeinander auf. Jede Woche bildete das Fundament für die folgende Woche, führte also einen Schritt weiter, so daß man den Eindruck hatte, auf einer Leiter emporzusteigen. Da der «rote Faden» in diesem Kurs der geistige Schulungsweg war, schien diese Struktur angemessen.

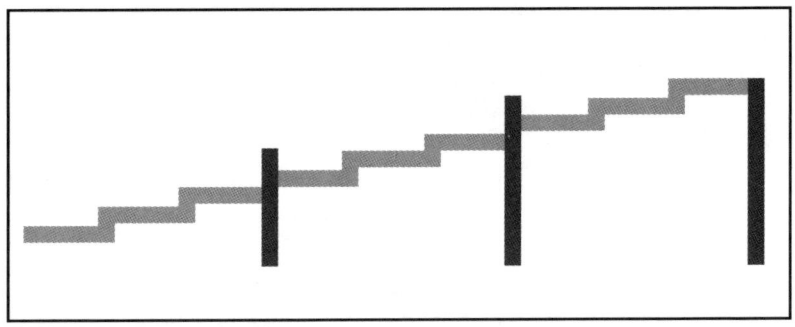

Schema 6

– Es gibt auch Strukturen, die sich um eine Mitte spiegeln. Das *Schema 7* zeigt eine solche Struktur, in Wochen gedacht.
Die Arbeit der ersten Woche kommt in einer verwandelten Form in der neunten Woche zurück, die zweite und die achte spiegeln sich ebenfalls usw.

Die Wochen selbst zeigen einen organischen Zusammenhang,

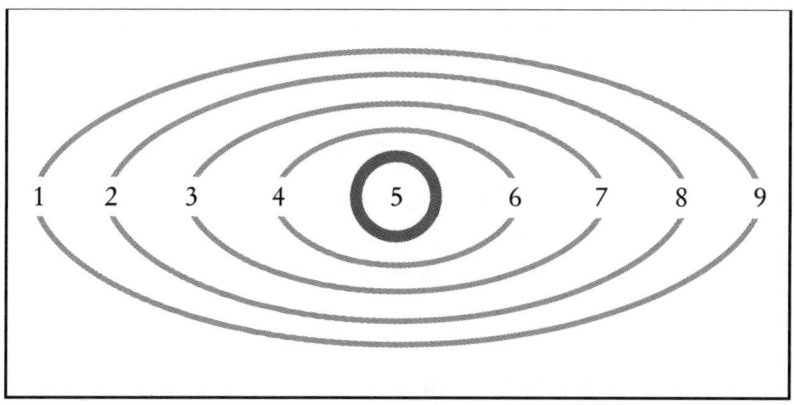

Schema 7

wobei der fünften Woche als zentralem Element alle anderen ihren Sinn geben. Dies verlangt ein gut eingeübtes Ausbildungsteam und sorgfältige Vorbereitung. Diese Struktur läßt sich auch anwenden für drei, fünf oder sieben Tage oder mehrere Wochen.

– Des weiteren gibt es Zwei-Wochen-Strukturen: eine Woche aufnehmen, die zweite Woche anwenden und vertiefen.

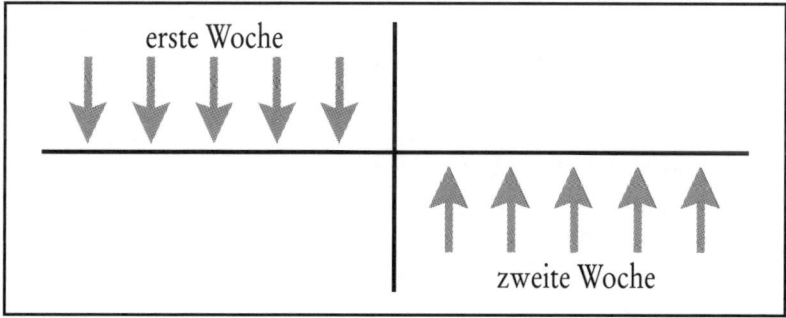

Schema 8

– Auch Grundstrukturen in drei Teilen kommen häufig vor, zum Beispiel mit dem Motto: Vergangenheit, Gegenwart, Zukunft, oder: verstehen, erfahren, ausführen.

Neben diesen «3 + 1»-Strukturen, Treppenstrukturen, Spiegelstrukturen und drei- oder viergliedrigen Strukturen gibt es noch viele andere Strukturen. Die Hauptsache ist, daß die Struktur eine menschengemäße Entwicklung in sich trägt.

8.1.7. Lernprozeßintegration

Es liegen schon einige Erfahrungen vor, ein Seminar ganz nach dem siebengliedrigen Lernprozeß zu gestalten. In kurzen Seminaren wirkt es sehr günstig, aber nur, wenn die Teilnehmer mit dem siebengliedrigen Lernprozeß vertraut sind (siehe Kapitel 5). Alle Aktivitäten werden dann nacheinander um die Prozesse des Wahrnehmens, Sich-Verbindens, Verarbeitens usw. herum gestaltet. Dabei wird auf den Schritt der Individualisierung besonderer Wert gelegt. Die Übergänge müssen bei dieser Form der Integration ganz besonders didaktisch betreut werden. Dieser siebengliedrige Prozeß scheint mir für die Zukunft einer der wichtigsten Ansätze für eine organisch integrierte Seminargestaltung zu sein. Er weist hin auf eine zukünftige Art des Arbeitens.

Es sei hier erwähnt, daß «Künstlerisches» auch integrierend und verstärkend auf den Lernprozeß wirken kann. Die Kunst kann den Lernprozeß sehr wohl vertiefen. Die Vorbedingung aber ist, daß die Kunstbetätigung alle anderen Ziele zurückhält und rein dem Lernprozeß der Teilnehmer dient. Deshalb sollte man hier vielleicht besser von künstlerischer Lernaktivität sprechen. Bei der «Alanus-Kunsthochschule» in Alfter hat man damit schon vielversprechende Erfahrungen gemacht (vgl. dazu Anhang I). Künstlerische Betätigung, richtig angewendet, wird somit ein wichtiger Katalysator des Lernprozesses beim Erwachsenen. Wenn die Universitäten diese Möglichkeit einmal entdeckten und auch anwendeten, dann könnte man sicher die Ausbildungen verkürzen und auch intensivieren.

8.2. Das Ausbilderkollegium

Bei allen Versuchen, die Seminare neu und besser zu gestalten, ist immer die Zusammenarbeit des Ausbilderkollegiums von ausschlaggebender Bedeutung, sowohl bei der Konzeption des Seminars als auch während der Ausführung. Während des Seminars sollte man regelmäßig «Bestandsaufnahme machen» und Gespräche führen. So hat die Zusammenarbeit der Ausbilder an sich, vor und während des Seminars, eine integrierende Wirkung. Das verlangt aber viel Zeit und Kreativität. Da viele Ausbilder nie gelernt haben, mit – oft sehr andersartigen – Kollegen kreativ zusammenzuarbeiten, ist dies der Engpaß bei der Konzeption und Durchführung integrierter Seminare.

In Kapitel 16 wird noch einiges darüber angegeben.

9.
Die Lernaktivitäten

In vielen Ausbildungsstätten hat sich gezeigt, daß die nachherige Betrachtung der Lernvorgänge zur Vertiefung des Lernens beträchtlich beiträgt. Inhalte aufzunehmen, Erlebnisse zu haben, auch Erfahrungen zu machen ist noch kein bewußtes Lernen; erst die Rückschau und die Auswertung dieser Erlebnisse und Erfahrungen führt zum bewußten Lernen.

Es gibt eine Vielfalt von Methoden, solch eine Rückschau zu vollziehen. Es sei im folgenden versucht, die Ziele und die Methoden zu gliedern.

Zuerst wollen wir drei Hauptmethoden unterscheiden: die Rückschau, die Auswertung und die Vorschau.

Wir gehen davon aus, daß diese drei Methoden dem Lernprozeß der Teilnehmer dienen sollen und nicht nur den Bedürfnissen der Kursleitung.

9.1. Die Rückschau

Die Rückschau beruht auf der menschlichen Fähigkeit, ein Zuschauer seines eigenen Seins und Handelns zu werden, sich an Vergangenes zu erinnern und dieses in Bildern vor sich ablaufen zu lassen. Dabei wird der Zeitverlauf räumlich vorgestellt. Man bekommt eine Übersicht, die Bilder sprechen für sich selbst. Eine persönliche Bewertung hält man dabei soweit wie möglich zurück.

Es ist erstaunlich, was sich einem bereits zeigt, wenn man am Ende eines Tages eine solche Rückschau macht. Durch diese Tätigkeit wird man den eigentlichen Lernprozeß gewahr; ehemalige Erfahrungen und Erlebnisse werden von einer höheren Warte aus angeschaut und zeigen so ihre Bedeutung und ihre inneren Zusammenhänge. Man «vergeistigt» dadurch den Lernprozeß.

Die Rückschau kann sich auf den heutigen Tag, auf eine Woche, ein ganzes Seminar, ein Projekt etc. beziehen.

Die Biographie-Seminare zum Beispiel beruhen auf einer Lebensrückschau. Eine solche Rückschau zu vollziehen muß aber gelernt werden; es ist eine Fähigkeit, die der Ausbilder vermitteln sollte. Er kann dabei auf viele Arten vorgehen. Zum Beispiel kann man
– die Hauptsachen in der Erinnerung wachrufen und die Teilnehmer die Details beitragen lassen;

– die Teilnehmer ein Tagebuch führen lassen, worin sie das für sie Wesentliche festhalten. Später können die Teilnehmer dann untereinander das Festgehaltene austauschen;

– die Stufen, Phasen, Vorgänge zusammen aufbauen und bildhaft darstellen lassen;

– den Seminarverlauf, oder auch einen Teil davon, in einem Gedicht, einem gemalten Bild, in einer Szene oder in einer plastischen Form darstellen lassen.

Natürlich hängt das didaktische Vorgehen der Ausbilder auch von den Fähigkeiten der Teilnehmer ab.

Eine schockierende Entdeckung, die oft gemacht wird, ist, wieviel doch bei dem Erwachsenenlernen verlorengeht, wenn keine Rückschau durchgeführt wird. Dann bleibt eben vieles unverdaut liegen und führt zu «geistigen oder emotionalen Verdauungsstörungen». Eine echte Lernmöglichkeit wird durch das Ausbleiben der Rückschau eben verpaßt.

Rückschauen ist eine Art «Ernten» und grundsätzlich ein Vorgang, der eine bestimmte Ich-Aktivität verlangt. Man nimmt Abstand von sich selbst und betrachtet die eigene Vergangenheit als objektiver Zuschauer.

Viele haben auf der Schule und an der Universität gelernt, sofort zu kritisieren, was sie aufgenommen haben, anstatt das Erlebte erst einmal bildhaft anzuschauen. Dies verlangt dann zuerst ein Umlernen und Ablegen alter Gewohnheiten.

9.2. Die Auswertung

Der nächste Schritt ist die Auswertung, die sich auf die objektiv betrachtende Rückschau stützt, aber ein Schritt weiter führt. Sie beruht auf der menschlichen Fähigkeit, Lernvorgänge zu beurteilen und dadurch deren Wert festzustellen. Die Auswertung ist sehr individuell, denn was für den einen eine wichtige Entdeckung ist, ist für den anderen schon längst geläufig. Es geht also darum, das Wertvollste für den eigenen Lernweg herauszuschälen. Bei aller Auswertung ist immer ein Stück Selbsterkenntnis dabei. Unangenehme, frustrierende Lernereignisse zeigen oft bei der Auswertung die höchsten Lernresultate, wenn man in der Lage ist, objektiv den «Wert» zu entdecken.

Zu dem äußeren Lernvorgang muß man jetzt das innere Verhalten hinzufügen. Äußeres und Inneres wird zusammen betrachtet; freudevolle und peinliche Elemente spielen dabei mit, ganz verborgene Motive und Triebfedern werden einem bewußt. Man «wertet» den Lernvorgang als «ganzer» Mensch und nicht nur den inhaltlichen Lernprozeß. Oft entdeckt man dabei, «wie» man eigentlich lernt, wo und welcher Art die Barrieren sind. Wege, um die drei Lernbarrieren zu überwinden (Kapitel 2), können dabei gefunden werden.

Es ist klar, daß das Begleiten eines solchen Prozesses an die didaktischen Fähigkeiten des Ausbilders hohe Anforderungen stellt. Sobald die Auswertung in eine Art Werterhebung von Emotionen, festgefahrenen Meinungen und Urteilen ausartet, ist es kein Lernprozeß mehr und kann sogar schädlich wirken. Deshalb gebraucht man oft gezielte, strukturierte Auswertungsmethoden, die gezielte Fragen und gewisse objektive Kriterien geben.

Beim Lernen von sozialen Fähigkeiten hat sich zum Beispiel bei der Gruppenarbeit gezeigt, daß deren Auswertung eines der wichtigsten Lernmittel ist. Noch mehr als bei der Rückschau erfährt man dabei, wie viele ungeheuer wichtige Lernmomente täglich stattfinden, deren eigentlicher Wert erst während einer guten Auswertung ersichtlich wird.

Als Methode kann man auch eine künstlerische Tätigkeit wie Malen oder Modellieren gebrauchen. Man versucht, in Farben und

Formen das auszudrücken, was geschehen ist; dabei macht man sich das Wesentliche bewußt.

Auch in gut geführten Gesprächen läßt sich viel entdecken und bewußtmachen. Vorbereitete Fragebögen können ebenfalls als Hilfsmittel verwendet werden, obwohl wir uns darüber klar sein müssen, daß sie bestimmte wichtige Ereignisse zudecken, die im Fragebogen nicht aufgeführt sind.

Auch kann die Führung eines Tagebuches sehr fruchtbar sein. Zum Beispiel kann man in Stichworten festhalten:

- Was habe ich heute gelernt?
- Wie habe ich es gelernt?
- Welche neuen Fragen, Entschlüsse und Entdeckungen sowie Schlußfolgerungen ergeben sich daraus?

9.3. Die Vorschau

In der Vorschau ist das Ziel darauf gerichtet, die Zukunft vorzubereiten. Hier wird eine andere Haltung und Einstellung verlangt als bei der Rückschau. Die Rückschau bedeutet: Vergangenes *anschauen;* die Auswertung: Vergangenes *durchleben, bewerten* und *durchleuchten;* die Vorschau: die Zukunft mit dem *Willen abtasten.* Fragen wie: Was ist der realisierbare nächste Schritt? Was sollen wir uns vornehmen? Wie sollen wir es besser machen? begleiten die Vorschau. Dabei stützt sie sich auf die beiden vorherigen Aktivitäten. Oft geschieht es, daß Seminare oder Lernvorgänge be- und verurteilt werden, ohne daß zuerst eine ordentliche Rückschau und Auswertung stattgefunden hat. Dies kann zu störenden Fehlurteilen führen, sowohl bei den Teilnehmern als bei der Seminarleitung.

Die Vorschau ergibt sich also naturgemäß aus der Rückschau und der Auswertung. Der Ausbilder muß hier noch mehr als bei den beiden anderen Aktivitäten das Vorschauen völlig aus der Teilnehmergruppe heraus entstehen lassen. Unser Wille weiß die Zukunft bereits; aber hier kommt es darauf an, dieses Wollen ins Bewußtsein auftauchen zu lassen.

Erwachsenenbildung bedeutet Willenserweckung. Daher können

diese drei Aktivitäten in ihrer natürlichen Folge, regelmäßig geübt, einen wesentlichen Beitrag zu dieser Willenserweckung leisten.

Betrachtet man das Lernen als eine Integration von drei Lernwegen, wie wir das in Kapitel 3 beschrieben haben, und versucht man, die geistigen Hintergründe der drei gerade behandelten Lernaktivitäten zu untersuchen, dann entdeckt man, daß beim «Schicksalslernen», das sich ja über wiederholte Erdenleben erstreckt, ein ähnlicher Prozeß stattfindet.

Nachdem ein Mensch sein Leben auf Erden vollbracht hat, findet nach dem Tode auch ein Auswertungsprozeß statt, sogar in drei Schritten, die sich analog zu den oben dargestellten Lernaktivitäten vollziehen. Man studiere dazu die vielen Ausführungen in der Geisteswissenschaft.

In den ersten drei Tagen nach dem Tode findet eine Lebensrückschau statt. Die Lebenskräfte lockern sich vom physischen Körper, und der Tote erlebt, wie sein ganzes Leben sich wie eine Art Panorama um ihn herum entfaltet. Das in der Zeit zwischen Geburt und Tod Erlebte steht nun in mächtigen Bildern im Raum um ihn herum und zeigt schon in sich eine ganz andere Bedeutung seines Lebens als das gewöhnlich Erinnerte. Menschen, die nachtodliche Erlebnisse durchgemacht haben, können oft von dieser panoramaartigen Rückschau zeugen.

Der zweite Schritt, der etwa ein Drittel des Erdenlebens dauert, geht schon ganz anders vor sich und ist eine Art Selbstauswertung. Man durchlebt alles, was als Folgen des eigenen Verhaltens und der eigenen Taten von anderen durchgemacht worden ist, zusätzlich durchlebt man einen Prozeß des Abgewöhnens von allem, was unsere Seele noch an den Körper bindet, und vieles andere mehr. Das «Durchleben», in der Literatur «Kamaloka» genannt, stellt zur gleichen Zeit eine Bewertung dar – Positives und Negatives, alles, was man im Leben getan und durchgemacht hat, wird bewertet. Daraus entsteht langsam, aber sicher der Wille, Fehler auszugleichen, die Unzulänglichkeiten zu verbessern, die Aufgabe des nächsten Lebens zu finden, um dann das «Schicksalslernen» des nächsten Lebens vorauszugestalten. Dies ist eine Art Vorschau auf das kommende Erdenleben. Die drei Lernformen auf Erden – Rückschau,

Auswertung, Vorschau – sind somit Abschattungen eines Prozesses, der immer nach dem Tode stattfindet unter Führung der Schicksalsmächte. Wie wir mit Hilfe der Götter an unserer Entwicklung arbeiten, wird im Erwachsenenlernprozeß durch Rückschau, Auswertung, Vorschau vorgeübt. Wir praktizieren dann eine wahrhaft göttliche Art des Lernens und können dadurch die drei Lernwege auch verbinden. Beim «Lernen zu lernen» sollte sich jeder Erwachsene die Fähigkeiten erwerben, die zur Rückschau, Auswertung und Vorschau notwendig sind.

Der Ausbilder kann durch diese Urbilder des nachtodlichen Lernens vieles lernen über die Art, wie er mit solchen Lernprozessen umgehen soll. Hier wurden nur die drei als spezifische, vertiefende Aktivitäten oder Kategorien beschrieben. Differenziert man sie stärker, kann man sich auch noch weitere Lernziele vorstellen.

Die Auswertung kann sich auch auf das Folgende beziehen:

Das Lernen des Inhaltlichen: Es bezieht sich auf das Verdauen, Verstehen und den Überblick des Inhaltes, auf offene Fragen, auf Denkprozesse und angewandte Methoden; der eigentliche Prozeß des kognitiven Lernens kann dadurch intensiviert werden.

Auswertung des Lernprozesses: Sie bezieht sich auf die Frage: «Was habe ich gelernt?» und: «Wie ist dieses Lernen äußerlich und innerlich vor sich gegangen?» sowie: «Welche neuen Fragen hat es mir gebracht?»
Hier läßt sich auch gut mit den sieben Schritten des Lernprozesses arbeiten (siehe Kapitel 5). Das «Lernen zu lernen» wird dadurch intensiviert.

Die Teilnehmergruppe: Die Auswertung bezieht sich auf die Frage: Wie arbeitet die Teilnehmergruppe? Diese sollte so viel wie möglich in das Programm mitverantwortlich einbezogen sein; dadurch wird ihr Gefühl der Mitverantwortlichkeit für den Kurs selbst intensiviert. Regelmäßige Auswertung der Gruppenprozesse unter diesem Aspekt führt zu mehr Verantwortung und Beteiligung.

Die Integration der Lernelemente: Viele Kurse haben ganz verschiedene Lernformen: Vorträge, Gruppenarbeit, Kunstunterricht, Übungsarbeiten etc. Die drei Lernaktivitäten lassen sich sehr gut verwenden, um diese Lernformen in ein organisches Ganzes zu integrieren. Die horizontale und vertikale Gliederung wird ausgewertet, die Zusammenhänge werden vertieft, die Teile zusammengebracht etc. (siehe Kapitel 8).

Der Entwicklungsprozeß: Hier muß man die Entwicklung des individuellen Teilnehmers von der Entwicklung der Teilnehmergruppe unterscheiden. Wie jeder Ausbilder erfahren kann, geht auch die Teilnehmergruppe selbst durch Entwicklungsphasen und Entwicklungskrisen. Rückschau, Auswertung, Vorschau sind sehr hilfreiche Aktivitäten, um diese Krisen zu begleiten. Oft eröffnen diese durchgestandenen Krisen den Gruppenteilnehmern wertvollste Lernmöglichkeiten.

Die Begleitung der individuellen Entwicklungsvorgänge kann sowohl in kleinen Gruppen als auch in individuellen Gesprächen geschehen.

Eine Menge spezifischer Ziele gibt es noch, auf die sich die Auswertung richten kann. Spezifische Ziele haben den Vorteil, daß sie genauer definiert sind und deshalb tiefer gehen können. Der Nachteil liegt darin, daß das unerwartete Schicksalsmäßige im Lernprozeß dann oft nicht zum Vorschein kommen kann und dadurch verlorengeht.

Eine praktische Anleitung zu einer Gruppenauswertung findet sich in Kapitel 10.

10.
Wie entwirft und handhabt
man Übungen?

Die Anwendung von spezifischen Übungen spielt in der Erwachsenenbildung eine immer größere Rolle. Wie man sie entwirft und mit welchem Ziel, sowie die didaktische Durchführung und Auswertung ist ein Fragengebiet, mit dem viele Ausbilder sich beschäftigen. Deshalb sei diesem Fragenkomplex ein separates Kapitel gewidmet. Das Anwenden von Übungen verläuft in drei verschiedenen Phasen, die jeweils einen eigenen Charakter zeigen.

10.1. Die Vorbereitung

Zuerst muß man das Lernziel klar feststellen, denn es gibt ein breites Spektrum von Lernzielen. Viele kleinere Übungen dienen zum Beispiel dazu, sich über etwas bewußt zu werden, sie sind bewußtseinsweckend, haben einen entdeckenden Charakter, entwickeln damit aber noch keine bestimmte Fertigkeit (Kategorie I). Eine zweite Kategorie ist das Lernziel, sich etwas Spezifisches anzueignen (Kategorie II). Das geht vom Stickenlernen, Autofahren bis zum Lesenlernen von Bilanzen. Das verlangt mehr Zeit und Wiederholung, bis es fast zum Können geworden ist und sich als Fertigkeit zeigt. Eine dritte Kategorie besteht in dem Lernziel, eine neue Fähigkeit zu entwickeln.

Durch das Wiederholen von einigen gehörten Sätzen kann man zum Beispiel vieles von dem entdecken, was das «Zuhören» fördert und was dabei hindert (Kategorie I) – also ein entdeckendes Lernziel. Durch eine ganz andere Übung wird richtiges Hinhören gefordert (Kategorie II), bis es zu der Fertigkeit des genauen Hinhörens führt. Eine dritte Übung, die ganz andere Kräfte beansprucht, führt erst langsam zu der Fähigkeit, durch das Gesprochene hindurch der Gedanken, Gefühle und Willensregungen des Sprechers gewahr zu werden (Kategorie III). Eine solche Übung ist zum Beispiel die sogenannte Drei-Ebenen-Übung, die längere Zeit geübt werden muß, bis daraus eine echte Fähigkeit entsteht. Sie ist eine Wahrnehmungsübung. Die Gruppe lauscht hier der Darstellung eines Teilnehmers, der ein tatsächlich stattgefundenes Ereignis erzählt, und versucht nacheinander: den *Gedankenprozeß* wahrzunehmen, der hinter den Sätzen steht (die *Komposition* der Darstellung; auf welche Weise die Gedanken sich zusammenfügen); die verschiedenen *Gefühle* zu spüren, die die erzählte Geschichte begleiten; schließlich intensiv die *Willensintention* zu erspüren, die sich im Erzählen der Geschichte ausdrückt (Warum wurde gerade diese Geschichte ausgewählt? Was für ein Effekt soll damit erzielt werden? Aus welchem Motiv heraus wurde sie erzählt?).

Ein eigenes Lernziel haben die vielen künstlerischen Übungen, die oft der Sensibilisierung der Sinne dienen; viele künstlerische Betätigungen oder Übungen können aber auch Zielen dienen, die den Lernprozeß und/oder therapeutische, hygienische oder pädagogische Aspekte fördern.

Eine letzte Gruppe (Kategorie IV) kann auf spezifische Forschungsziele gerichtet sein, wobei man fast zum Erforschen kommt. Biologen können Modellierübungen machen, um Gestaltmetamorphosen besser verstehen zu können, bestimmte regelmäßige Wetterbetrachtungsübungen können der Naturforschung dienen usw.

Wenn auch noch andere Lernziele gefunden werden können, so ist eines sicher: daß man nämlich in der Erwachsenenbildung sein Lernziel klar vor Augen haben muß, da sonst Üben zu einem unverständlichen Spiel wird und nachher nicht ausgewertet werden kann.

Der erste Schritt ist also, das Lernziel festzustellen. Der zweite Schritt, die geeigneten Übungen dazu zu entwerfen, ist meistens ein Prozeß des Erprobens, der auch Irrtümer mit einschließt. Es ist sehr wünschenswert, mit einigen Kollegen die Übung versuchs weise auszuprobieren und zu verbessern, bis sie «sitzt» und man einigermaßen damit vertraut ist. Man hat dann eine erste vorläufige Form, die nachher regelmäßig verbessert werden kann. Wichtige Kriterien für diesen Entwurf sind:

– Die Übung muß die Teilnehmer sinnvoll motivieren können (dies entspricht dem vierten Schritt im Lernprozeß, der Individualisierung) und eine genaue Prozedur und einen Zeitplan enthalten.

– Die Übung oder eine Komposition von Übungen soll die Möglichkeit geben, daß eine Fähigkeit sich daraus entwickelt, wenn das im Lernziel verankert ist (entsprechend dem sechsten Schritt: Wachstumsprozeß vorbereiten).

– Dabei ist es außerordentlich wichtig, daß die Übung eine Art Urbild hat, ihr zum Beispiel das dreigliedrige oder viergliedrige Menschenbild zugrunde liegt.

– Man sollte sich vergegenwärtigen, für welche und für wie viele Teilnehmer die Übung bestimmt ist. Schon bei der Vorbereitung sind eine Anzahl von Rückschau- und Auswertungsfragen zu formulieren.

– Die Übungen sollen so einfach wie möglich gestaltet werden. Die Praxiserfahrung zeigt, daß nicht jede Übung von jedem Ausbilder eingesetzt werden kann. Daher ist die eigene Überprüfung nötig. Das hat mit der Tatsache zu tun, daß die Art, *wie* die Übung mit den Teilnehmern durchgeführt wird, bestimmend ist. Dabei spielen die Fähigkeiten, die Erfahrungen und das Wissen des Ausbilders, seine Stärken und Schwächen, eine große Rolle.

10.2. Die Durchführung

Es kommt hier alles auf das «Wie» an. Eine gute Übung kann langweilig verlaufen, eine schlechte trotzdem zu einem maßgebenden Lernereignis werden. Das hängt unter anderem von der Geistesgegenwart des Ausbilders ab, der durch gezielte Eingriffe das, was vorgeht, vertieft und bewußtzumachen versteht. Die Übung selbst bleibt ein Rahmen, durch den etwas passieren kann. Folgende Elemente sollten beachtet werden:

- Eine Übung zu vollziehen bedarf einer Ausnahmesituation, in der etwas stattfinden kann. Deshalb muß die physische Umgebung dementsprechend gestaltet und eine für die Übung geeignete Stimmung geschaffen werden.

- Die Übung muß erklärt werden, wobei sowohl der Ablauf selbst als auch das Warum und das erhoffte Lernziel angegeben werden müssen. Bei erfolgreichen Übungen wird nach einiger Zeit das Warum und Wofür oft weggelassen, weil man meint, daß jeder das versteht. Dadurch wird aber unterlassen, das selbständige Urteilsvermögen der Teilnehmer anzusprechen.

- Der Ausbilder sollte ganz sorgfältig mit seinen Worten umgehen. Meistens wird viel zuviel gesprochen, verwirrend und unklar. Es ist eine Hilfe, sich vorher wichtige Sätze aufzuschreiben. Viele Übungen werden verdorben durch zu vieles Reden und zu häufige Wiederholungen des Ausbilders. Eine Übung ist etwas, das man tut. Alles unnötige Zuhörenmüssen lenkt davon ab und demotiviert.

- Rhythmisches Wiederholen der Übungen ist ein wesentliches Element, denn dadurch kann erst eine Fähigkeit daraus entstehen. Es ist erstaunlich, welchen Reichtum eine einfache Wahrnehmungsübung zeigen kann, wenn man das Gleiche jeden Tag wiederholt. Die Anstrengung an einem Tag wird in der Nacht verarbeitet und bringt neue Möglichkeiten am nächsten Tag.

- Die Beziehung Ausbilder – Teilnehmer muß fortwährend gepflegt werden, denn das Verhalten der beiden ist das Lebenselement des Übens. Die Beziehung sollte eine untersuchende, forschende Grundhaltung erzeugen, ermutigend und anregend sein.

- Der ganze Vorgang sollte eine aufbauende, keine unbeweglich machende Wirkung haben. Dazu kann der Ausbilder die Erfahrung mit den sogenannten Nebenübungen als Inspirationsquelle nutzen (siehe Kapitel 5).

– Die Grundstimmung sollte freudevoll, freilassend, warm und menschlich sein und einen künstlerischen Stil haben.

10.3. Die Auswertung

Im Grunde bringen diese Übungen Erfahrungen und Erlebnisse mit sich, die erst durch eine gezielte Rückschau und Auswertung den Lernprozeß vervollständigen. Näheres über die Auswertung als Lernaktivität findet man in Kapitel 9. Hier sei nur angemerkt, daß das Auswerten auf das angegebene Lernziel gerichtet sein muß, denn es ist ein wesentlicher Teil des Lernprozesses durch Übungen. Eine schlechte, willkürliche, oberflächliche Auswertung beeinträchtigt den Wert des Übens.

Die Auswertung sollte am besten direkt nach der Durchführung der Übung gemacht werden oder jedenfalls am gleichen Tag; sie kann auch nach und nach durchgeführt werden, während die Übung ausgeführt wird. Am nächsten Tag haben sich die Erfahrungen durch die Nacht schon beachtlich geändert, und ein anderer Prozeß ergibt sich.

Bei der Auswertung selbst sammelt man zuerst die konkreten Erfahrungen. Diese werden dann ausgewertet mit Fragen wie:

– Was habe ich daraus eigentlich gelernt?

– Wie ist das vor sich gegangen?

– Was für neue Fragen oder Gedanken kommen dabei in mir auf?

Im allgemeinen ist alles fruchtbar, was zu einem optimalen Lernen hinführt.

Durch diese kurzen Andeutungen wird es vielleicht klar werden, daß das Entwerfen, Durchführen und Auswerten von Übungen eine spezifische Fähigkeit ist, die der Ausbilder lernen und entwickeln muß. Es ist eine Kunst für sich und verlangt Ausbilder, die für ihren Beruf speziell geschult werden. Die begabtesten Fachdozenten scheitern manchmal, weil sie in ihrer Unterrichtsweise diese Kunst nicht gelernt haben.

Eine Erfahrung ist allerdings die, daß viele Übungen, die man entwickelt und erprobt, wieder verschwinden. Einige aber bleiben, entwickeln sich und zeigen Lebensfähigkeit – wahrscheinlich deshalb, weil sie Urbildcharakter haben. Die vielen Übungen, die Rudolf Steiner gegeben hat, um bestimmte menschliche Fähigkeiten zu entwickeln, haben einen Dauerwert. In der Erwachsenenbildung können solche Übungen immer mehr entdeckt und eingesetzt werden.

11.
Die Ehe von Kunst und Wissenschaft in der Erwachsenenbildung

Es ist wichtig, die beiden Gebiete des künstlerischen Schaffens und der wissenschaftlich forschenden Betätigung so gründlich wie möglich zu unterscheiden, ehe man versucht, das «Ausbilden» als eine höhere Synthese der beiden anzusehen.

Zuerst die Kunst: Während des künstlerischen Verhaltens ist der Mensch in einem besonderen Zustand. Es geschieht etwas mit seiner Sinnesbetätigung, seinen Lebensprozessen und seinen seelischen Kräften. Es finden alle möglichen Verknüpfungen, Verstärkungen, Vereinigungen statt, kurz: Die zwölf Sinne, die Seele und die Lebenskräfte verbinden sich auf vielerlei Arten. Wie Rudolf Steiner angibt, werden die Sinne durch die Lebensprozesse *verlebendigt*, und die Lebensprozesse werden durch die künstlerische Aktivität *beseelt*. Dabei treten gewisse Verstärkungen auf, weil ein Zusammenhang oder eine Affinität besteht zwischen gewissen Sinnen und bestimmten Lebensprozessen, zum Beispiel Hören und Wachstum, Farbensehen und Atmung, Wärmesinn und Wärmung, Schmecken und Erhaltung usw. In früheren Entwicklungsstadien der Menschheit waren diese noch ganz verbunden und bildeten damals etwas, das man heute eine hellseherische Fähigkeit nennen würde. Diese können heute noch in pathologischen Zuständen auftreten, wie zum Beispiel beim Schlafwandeln.

Die Beseelung der Lebensprozesse führt zu sogenannten Symbiosen von Gruppen von Lebensprozessen. So führen die ersten drei – Atmen, Wärmen, Ernähren – zu einem neuen Denken, die weiteren vier – Absonderung, Erhaltung, Wachstum und Reproduktion – zu einem neuen Wollen und der Rhythmus zwischen beiden zu einem neuen Fühlen. Das neue Denken betätigt sich mehr im

Kunstgenießen, das neue Wollen im künstlerischen Schaffen, das neue Fühlen in der rhythmischen Abwechslung zwischen betrachtender und ausübender Kunst. Also entwickelt die künstlerische Betätigung als solche schon neue seelische Fähigkeiten. Der ästhetisch begabte Mensch ist von durchseelten Lebensprozessen geprägt. Künstlerisches Vorgehen kann deshalb den siebengliedrigen *Lernprozeß* beträchtlich verstärken und vertiefen. Die Behauptung liegt damit nicht fern, daß die Erwachsenenbildung die Kunst zur Braut haben könnte als lebendigen Bestandteil aller Lernprozesse. Die Braut aber braucht einen Bräutigam zu ihrer Ergänzung. Wie steht es also mit der Wissenschaft?

Während des wissenschaftlichen Vorgehens müssen strenge Regeln befolgt werden (man spricht von Disziplinen). Man muß seinen wissenschaftlichen Weg genau beschreiben können, so daß er für andere nachvollziehbar wird. Wissenschaftliches muß immer mitteilbar und kontrollierbar sein. Systematisches Vorgehen ist eine Notwendigkeit, Vorhersagbarkeit wird angestrebt, Erkennen ist das Ziel. Der erkennende Mensch steht so dem schaffenden, erlebenden Menschen gegenüber.

Es ist hier nicht möglich oder nötig, ausführlich die beiden Wege darzustellen, weil uns hier hauptsächlich die Frage des Lernprozesses interessiert.

Eine erste Verbindung der beiden kann gefunden werden, wenn man sich klarmacht, daß der Künstler nicht wirklich verstehen kann, was er geschaffen hat, wenn er nicht *nachher* seine künstlerische Betätigung wissenschaftlich untersucht.

Auch der Wissenschaftler sollte erkennen, daß er seinen wissenschaftlichen Weg überhaupt nicht gehen kann, ohne *vorher* eine intuitive Ahnung zu haben, daß es da ein Geheimnis gibt. Diese vorwissenschaftliche Ahnung ist aber eine künstlerische Betätigung. Auch im Unterricht geht dem Erkenntnisprozeß immer eine Frage voraus, und es bedarf des auswertenden Nachher, um zu verstehen, was getan worden ist. Yehudi Menuhin beschreibt in seinem ausgezeichneten Aufsatz «Kunst und Wissenschaft als verwandte Begriffe» dieses Verhältnis und betrachtet es als künstlerisch weibliches und wissenschaftlich männliches Vorgehen. Das ist wiederum ein

Hinweis, daß die Begegnung der beiden nötig und fruchtbar ist. Vollständigkeit entsteht nur, wenn die beiden sich vermählen. Eine Kunst ohne Erkenntnis entartet in Willkür, eine Wissenschaft ohne Kunst wird lebensfremd. Eine gesunde Fachausbildung soll diese Ehe stattfinden lassen, nicht durch ein Nebeneinander, sondern durch eine richtige Integration. Einseitig ausgebildete Kunst- und Wissenschaftsdozenten stellen dabei oft ein Problem dar.

Der wahre Erkenntnissuchende will die Idee, das Wesentliche in allen Erscheinungsformen entdecken und muß die Schwelle von der Erscheinungswelt zur geistigen Welt dafür überschreiten. Der wahre Künstler will die lebendige Idee in der sinnlichen Welt zur Erscheinung bringen und muß dafür die Schwelle von der geistigen Welt in die sinnliche Welt überschreiten. Er macht das Unsichtbare sichtbar.

Was macht nun der Ausbilder? Um zu verstehen, was er darstellen will, muß er Wissenschaftler sein – um es anderen sichtbar zu machen, jedoch Künstler. Er geht fortwährend vom Diesseits zur Idee, vom Jenseits zu der aktuellen Lernsituation. Es genügt nicht, daß er das Fachliche weiß und versteht, und es genügt nicht, daß er alles phantasievoll darstellen kann. Nein, der Ausbilder muß in jeder Lernsituation in sich die Ehe von Kunst und Wissenschaft vollziehen können. Das ist sein Schulungsweg. Von daher kann man verstehen, warum so viele ausgezeichnete Künstler so schlechte Ausbilder sind und viele hervorragende Wissenschaftler ihr Wissen und Können fast nicht übermitteln können.

In der Ehe der beiden Grundhaltungen ist noch ein drittes Element notwendig: Die Ehe muß auch gesegnet werden. Für den Ausbilder bedeutet das ein moralisches Element, das mit Verzicht, ja einem Opfer zu tun hat. Seine künstlerische Leistung und sein forschendes Bestreben können nicht mehr höchste Priorität bleiben, denn an ihre Stelle tritt das Dienen gegenüber den Mitmenschen und ihrem Lernprozeß. Das ist ein wesentliches, qualitatives Element, das im ursprünglichen Beruf des Lehrenden meist nicht vorhanden ist. Wenn diese Bereitschaft zum Dienen nicht gegeben ist, sollte keine Erwachsenenbildung angestrebt werden. Die drei Elemente: Kunst, Wissenschaft und hingebungsvolles Dienen an der Entwicklung der Mitmenschen, bilden eine neue Dreiheit, die eine schöpferische Quelle für den Erwachsenenausbilder darstellt.

Wird der Lernprozeß jetzt ausgedehnt zum geistigen Schulungsweg, dann wird für den Lernprozeß selbst die Ehe zwischen künstlerischem Erleben und wissenschaftlichem Forschen eine Notwendigkeit. Dem kommt am nächsten die ästhetische Urteilskraft, beschrieben in Kapitel 14. Unser Gefühlsleben atmet dann immer hin und her zwischen nach innen gerichtetem erlebendem Fühlen und nach außen gerichtetem fühlendem, tastendem Urteilen. Der Künstler steigert seine Erlebniswelt, der Forscher schult seine Gefühle, damit sie zur Einsichts- und Urteilsfähigkeit in der Welt des Denkens werden. An der Schwelle der geistigen Welt jedoch muß man diese Welt erleben lernen. Aber ohne forschendes Verhalten verliert man sein selbständiges Urteilsvermögen und kann von den gewaltigen Geisteserlebnissen überwältigt werden. Und ohne erhöhtes künstlerisches Empfinden können wir diese Welt überhaupt nicht erfahren. Der Schwellenübergang selbst, jetzt als Lernprozeß betrachtet, zeigt daher zwei Seiten. Mit beiden muß man zurechtkommen, wenn dieser Schwellenübergang in gesunder Weise vollzogen werden soll.

Der Ausbilder, der auf Grundlage seiner menschlichen moralischen Qualitäten beide in sich vereinigt, kann den Lernprozeß dadurch wesentlich unterstützen. Er muß bedenken, daß heute die meisten Teilnehmer Schwellenerlebnisse haben; daher ist ein unterstützendes Verständnis dringend vonnöten.

11.1. Neue Kunst und neue Wissenschaft?

Viele Ausbildungsstätten ringen mit der Frage: Wie soll eine neue Kunstauffassung gefunden werden? Noch ungewisser ist: Wie soll sie unterrichtet werden? Die Aufgabe der Kunst war schon immer eine kulturelle; sie sollte die Menschheit veredeln und das Fundament unserer Zivilisation bilden. Sie war die große Erzieherin der ursprünglich wilden, ungebändigten Leidenschaften. Was wären wir für Menschen ohne Musik, Drama, Malerei, Architektur,

Dichtkunst usw.! Ungeheueres ist da geleistet worden, und doch lebt eine brodelnde Unzufriedenheit unter allen, die sich mit Kunst beschäftigen. Es muß etwas Neues kommen. Ein neues Ziel? Eine neue Quelle?

Das Mysterium von Golgatha hat stattgefunden und hat unser Verhältnis zur Erde grundlegend geändert. Momentan geht die Menschheit unbewußt über die Schwelle zur übersinnlichen Welt. Dies ändert die Beschaffenheit der Seele sowie ihr Verhältnis zur geistigen Welt.

Die ursprüngliche Kunst war eine Form von Offenbarung; sie machte die *übersinnliche Welt* sichtbar im *Sinnlichen*. Sollte die heutige Kunst nicht anstreben, eine Auferstehungskunst zu werden und die irdische Sinneswelt zu vergeistigen?

Von einer Offenbarungskunst zu einer Auferstehungskunst: um diesen Weg zu gehen, muß die Kunst sich mit Wissenschaft und Religion verbinden. Kunst als religiöser Erkenntnisweg! Ein erster Schritt wäre, den Weg von der sinnlichen Welt in die übersinnliche Welt und *wieder zurück* zur Erde anzustreben, aus einer religiösen Grundhaltung und mit Fähigkeiten, die sich durch angewandte Kunst und Wissenschaft entwickeln.

Ein zweiter Schritt wäre es, das Erscheinen Christi in der ätherischen Welt als Leitbild für die künstlerische Arbeit zu erfassen. Dieses Ereignis erscheint uns als Bewußtseinstod in der ätherischen Welt und als Auferstehung in der menschlichen Seele. Der Bewußtseinstod des Christus wurde durch unseren Materialismus im Denken, Fühlen und Wollen verursacht, die Auferstehung durch seine Opfertat, die diese Finsternis in Licht verwandelte.

Wenn die neue Kunst zeitgemäß eine Auferstehungskunst werden soll, die der Erde und Menscheit dient, dann wird die Imitatio Christi der Weg und die Kraftquelle für die Entwicklung des modernen Künstlers.

Die Materie in diesem Sinne zu spiritualisieren wäre die Aufgabe. Die Betrachter solcher Kunst können das Licht, das in die Finsternis scheint, innerlich als heilenden, helfenden Vorgang erleben, der ihnen diese neue Kunst schenkt.

Die großen Künstler waren immer auch Eingeweihte. Ist es nicht so, daß auch heute jeder, der Künstler werden will, während der

Berufsvorbereitung zugleich den modernen Forschungsweg gehen sollte? Am Kunstwerk wird sich zeigen, wie weit der Künstler auf seinem geistigen Weg gekommen ist.

Über diesen Forschungsweg gibt es eine wichtige Angabe in den Torquay-Vorträgen Rudolf Steiners, die von Bernard Lievegoed in *Schulungswege* ausgearbeitet wird.[8] Dort wird der individuelle Mondenweg und der gemeinsame Saturnweg beschrieben mit der Bemerkung, daß dieser Saturnweg eine Zeitlang gegangen werden muß, bevor die neue Kunst als Sonnenweg zwischen Mondenweg und Saturnweg entstehen kann. Das Wesentliche des Saturnweges liegt in der Beteiligung von Schicksalskräften, die zwischen Menschen walten. Die neue Kunst hat deshalb sowohl mit dem Forschungsweg als auch mit den Schicksalskräften zu tun. Eine Ausbildung für den Künstlerberuf verlangt auch hier eine Synthese von Lernen, Schicksalslernen und geistigem Forschungsweg.

In einem Zeitalter, in dem unsere Technologie die Natur zu vernichten droht und die Menschheit durch alle möglichen Erfindungen gefährdet scheint, kann man berechtigt die Frage stellen, wem diese neue Wissenschaft eigentlich dient, wofür und für wen sie da ist. Reine Wissenschaft zu unterrichten ohne moralische Grundlagenbetrachtung scheint verheerende Auswirkungen zu haben, wie der berühmte Atomforscher Julius Oppenheimer feststellte. Es hätte seine Pflicht sein sollen, so sagte er, seinen hochbegabten Studenten die Moralität beizubringen, die eine solche Begabung begleiten muß! Auch die angewandte Naturwissenschaft, die Technologie, verlangt eine Vermenschlichung. Hier steht der Ausbilder wieder vor der Aufgabe, so zu unterrichten, daß eine humane Wissenschaft entsteht. Die Geisteswissenschaft zeigt hier einen Weg. Die didaktische Grundlage für eine menschengemäße Art, Naturwissenschaft zu unterrichten, liegt unter anderem in der fortwährenden und gleichmäßigen Entwicklung der kognitiven, ästhetischen und moralischen Urteilsbildung der Teilnehmer. Dann kann die Ehe von Kunst und Wissenschaft auf der Grundlage einer Moral angestrebt werden, die der Erde und den Menschen dient.

Eine Ausarbeitung einer neuen Wissenschaft kann im Rahmen dieses Buches nicht erfolgen. Daß sie benötigt wird, sollte Überzeugung eines jeden Ausbilders sein.

124

12.
Unsere Biographie als «Schicksalslernen» in der Erwachsenenbildung

In Kapitel 3 wurde schon über die drei Lernwege gesprochen. Beim zweiten Lernweg, dem «Lernen durch das Leben» oder «Schicksalslernen», wird beschrieben, wie wir den Anforderungen der Umwelt nach bestem Vermögen zu begegnen versuchen und daß in dieser Auseinandersetzung mit der Welt ein Lernprozeß enthalten ist, der oft weit über alles schulmäßige Lernen hinausgeht. Das Studium menschlicher Biographien gibt uns viele Auskünfte über diesen zweiten Lernweg, denn die Komposition einer Biographie selbst scheint strukturiert zu sein wie ein Lehrgang zur Selbsterziehung. Ein vollständiges Verständnis dieses zweiten Lernweges, seines Ursprungs in früherem Leben und seine Bedeutung für die Zukunft ist von größter Wichtigkeit.

Wer viele Menschen beraten muß, die in der zweiten Lebenshälfte stehen, entdeckt alsbald, daß dieser Schicksalslernweg bei vielen teilweise blockiert oder zumindest problematisch ist. Man kann von sich selbst aus eine bestimmte Beziehung oft nicht mehr ändern, die Entwicklung hört auf, man lernt nicht mehr, man ist festgefahren. Erstaunlich ist, daß in solchen Fällen oft das Schicksal unerwartet eingreift und man dadurch fast gezwungen wird, wieder in Bewegung zu kommen. Eine Krankheit, eine Ehescheidung, eine Entlassung, ein Unfall, eine wirtschaftliche Krise, ja selbst ein Krieg können sich für das persönliche biographische Lernen im späteren Rückblick als höchst bedeutungsvoll zeigen. In diesem Kapitel möchten wir aber nicht auf die ganzen Tiefen des biographischen Geschehens eingehen, sondern nur den Gesichtspunkt der Erwachsenenbildung auswählen, und zwar im Hinblick auf Lernblockaden.

Beim Betrachten des Lebens kann man drei Gebiete unterscheiden, die sich als Quellen für späteres Festfahren erweisen: die Erziehung, die Arbeitsorganisation und den Beruf. In diesen drei Gebieten bietet sich das Material zum Lernen dar, werden wir durch unsere Umwelt geprägt oder gebildet, was entweder die Grundlage für weiteres Lernen ergibt oder zu einer solchen Verhärtung führt, die dann später zu einer Lernhemmung wird. Im letzteren Fall spricht man von einer Deformation. Die Berufsdeformation ist heute ein sorgenerweckendes Phänomen, weil durch unsere sich rasch ändernde Umwelt viele Menschen mit den großen Veränderungen in ihrem Berufsleben nicht mehr mitkommen.

12.1. Die Erziehung

Daß das Kind anders lernt als der Erwachsene, ist an vielen Stellen schon beschrieben. Von der Biographie des Menschen her gesehen soll der Übergang vom Schullernen zum Erwachsenenlernen um das 21. Lebensjahr stattfinden. Ab 21 erst steht unser Ich uns voll zur Verfügung, um unabhängige, aktive Lernprozesse zu überwachen. Bei vielen Menschen findet dieser Übergang aber viel zu wenig oder gar nicht statt, und das Schullernen setzt sich fort. Von der Schulerziehung hängt ab, ob sie diese Umgestaltung um das 21. Lebensjahr gut vorbereitet oder den Schüler so für das System «dressiert» hat, daß es sehr schwer für ihn ist, aus eigener Kraft dieses «andere Lernen» zu vollziehen. Deshalb ist es mehr und mehr das Bestreben vieler Ausbildungsstätten, in den Kursen ein Stück «Lernen zu lernen», wie es für den Erwachsenen angemessen ist, einzubauen. Die weltweite Waldorfschulbewegung ist ein Musterbeispiel einer Erziehung, die den Umschwung im 21. Lebensjahr gut vorbereitet. Schüler dieser Schule scheinen als Erwachsene eher fähig zu sein, das Lernen durch das Leben in unabhängiger Weise fortzusetzen. Der *Umschwung* hat sich in ihrem Falle fast naturgemäß vollzogen. Man muß sich vorstellen, daß dieser Umschwungprozeß sich hauptsächlich zwischen dem 18. und 21. Lebensjahr vollzieht.

Wenn aber nach dem 21. Lebensjahr in Berufsausbildungen und an der Universität das schulmäßige Lernen fortgesetzt wird, was oft der Fall ist, so fixiert sich dieses und bleibt für den Rest des Lebens erhalten. Meiner Meinung nach betreiben viele dieser Institutionen noch keine Erwachsenenbildung, sondern setzen eine Schulbildung fort. Eine Hauptursache liegt in der Tatsache, daß viele ausgezeichnete Fachspezialisten, Künstler und Wissenschaftler zu Fachdozenten ernannt werden, ohne je für diesen neuen Beruf des Erwachsenenausbilders selbst geschult worden zu sein. Man nimmt an, der gute Fachmann sei von allein ein guter Ausbilder, was leider meist nicht der Fall ist. Je länger aber das Schullernen im Erwachsenenalter fortgesetzt wird, um so größer werden die Schädigungen sein, die unser Erziehungssystem bewirkt.

12.2. Die Organisation

Neben der Erziehung hat die Organisation oder die Gemeinschaft, in der man lebt und arbeitet, eine stark prägende Wirkung. Der Verfasser konnte oft während Management-Seminaren feststellen, ob jemand ein «Shellmann», IBMler, Mitarbeiter bei FORD, typischer Bankmann, Versicherungsvertreter oder Beamter war. Die Frage stellt sich, wie die Kräfte in einer Arbeitsgemeinschaft so stark wirken können, daß sie äußerlich wahrnehmbar werden. Ist man noch Individuum oder schon «Organisationsperson» geworden? Der Kräftekomplex, der hier wirkt, ist vielschichtig und vielfältig. Man kann zum Beispiel die Kräfte unterscheiden, die vom Produkt her kommen, von der Funktion, die man bekleidet, oder von der «Kultur» der Organisation.

Produkt: Bankfunktionäre benehmen sich ganz anders als Menschen aus dem Computergeschäft, der chemischen Industrie oder dem Maschinenbau. Ölindustrie, Kohleabbau, Arbeit in Diamant- oder Goldminen beeinflussen deren Personal grundverschieden. Ein Sägewerk oder eine Weberei atmen eine verschiedene Atmosphäre usw.

Funktion: Ein bekannter Unterschied besteht zwischen leitendem und kollegialem Management, zwischen Zentrale und Zweigstelle, auch zwischen Finanzabteilung, Verkauf, Produktion, Verwaltung und Entwicklungsabteilung. Sie verlangen unterschiedliche Denkweisen, anderes Verhalten, spezifische Fähigkeiten. Auch hat es eine wesentliche Wirkung, ob man in der Planung, der Ausführung oder der Kontrolle tätig ist. Die immer weitergehende Arbeitsteilung bestimmt in großem Maße über die menschliche Lernmöglichkeit. Die übertriebene Arbeitsspezialisierung kann zu einer seelischen Spezialisierung führen.

Organisationskultur: Jede Organisation hat eine eigene Identität, explizite oder implizite Grundsätze und erfordert eine bestimmte Verhaltensweise. Wenn man in solch einer Kultur arbeiten will, bedarf es der Anpassung und der Identifikation mit dieser Kultur in all ihren Nuancen. Dazu ist zu bedenken, daß es sehr viele Betriebsausbildungen gibt, die der Verstärkung der Organisation dienen und dadurch die Organisationskultur noch verstärken. Bedenkt man weiter, daß in der modernen Organisationslehre die Organisation als fortwährendes Lernsystem betrachtet wird, dann ist klar, daß diese Einflüsse eine stark prägende Wirkung auf Erwachsene ausüben können, die unter Umständen zu einer Erstarrung führen. Im letzteren Fall spricht man von Organisationsdeformierung. Unzählige Führungskräfte haben feststellen müssen, daß ein Übergang zu einer anderen Art der Organisationskultur für sie fast unmöglich war. Es geht hier um einen Kampf zwischen Ich und Organisation, Individuum und Gemeinschaft. Am Anfang ist dieses schicksalsgemäße Lernen oft sehr bereichernd, weil man in der realen Praxis ungeheuer viele wertvolle Erfahrungen macht. Es kann aber der Moment kommen, wo all dieses Lernen zur Gewohnheit wird, zu festgefahrenen Denk- und Handlungsmustern erstarrt. Am Ende sind wir nicht mehr fähig, uns anders zu verhalten.

In der Biographie liegt der kritische Punkt um das 35. Lebensjahr, in der Lebensmitte. Hier entscheidet sich, ob man ein «Organisationsmensch» wird oder ein individueller Mensch bleibt, der kreativ an der fortwährenden Erneuerung des Unternehmens teilnehmen kann. Der bekannte «Widerstand gegen Erneuerung» bringt dies zum Ausdruck. Die meisten Menschen unter 35 bleiben noch flexibel genug, um sich umschulen zu können, über 35 wird es oft bedenklich. Die Betriebe stehen also mit ihren Weiterbildungsangeboten vor der Aufgabe, kreative Menschen für die Zukunft zur Entfaltung kommen zu lassen. Leider ist es aber heute meist noch Praxis, sich Personal «heranzuziehen», das dem gegenwärtigen Betrieb angepaßt ist.

Zum besseren Verständnis sei noch erwähnt, daß mit Organisation alle Formen von Arbeitsgemeinschaften gemeint sind. Deshalb fängt dieser Prozeß eigentlich schon nach der Pubertät (um das 14. Lebensjahr) an, wo die erste Auseinandersetzung zwischen Identität und mitmenschlicher Umwelt anfängt. Der Kampf dauert von 14 bis 35, also 21 Jahre; der Umschlagspunkt liegt bei 35. Dann entscheidet sich, ob man sich völlig mit der Arbeitsgemeinschaft identifiziert oder ein Stück innere Freiheit als schöpferische Quelle behalten kann. Im ersteren Fall hat man eine Organisationsdeformation. Eine äußere Anpassung an die Organisation, die oft nötig ist, bedeutet damit noch keine innere Anpassung.

12.3. Der Beruf

Persönlichkeitsbildende Kräfte sind am stärksten bei den hauptsächlich selbständigen Professionen wie Arzt, Künstler, Anwalt, Berater, Priester usw. Wenn man sie für längere Zeit seines Lebens praktiziert hat, wenn man das Fach wirklich meistert – was oft eine lange Zeit in Anspruch nimmt – und dabei kreativ bleibt, wird man von den Kollegen als professionell anerkannt, als Autorität. Jemand, der sich immer wiederholt, routinemäßig vorgeht, wird nicht mehr als Professioneller angesehen. Auch jemand, der eine Zeitlang nicht mehr in der Praxis tätig ist, wird nicht mehr als Kollege anerkannt. Das alles bringt die Tendenz mit sich, daß sich solche Experten zu stark mit ihrem Beruf identifizieren: Man übt dann eigentlich keinen Beruf mehr aus, sondern man *ist* es. Und da wird Berufsentwicklung zur Berufsdeformation. Einige Beispiele:

- Der Lehrer, der sich bei Besprechungen nicht kurz fassen kann, sondern sich verhält, als hielte er Unterricht vor seiner Klasse. Er kann Gefangener seines eigenen Sprechens werden. Auch eine belehrende Grundhaltung kann auftreten.

- Der Berater, der unter allen Umständen alles immer besser weiß und jeden berät, wie man es am besten machen kann, hinter diesem Stil oft sich selbst verbergend.

- Der Priester, der in jeder sozialen Situation ein moralisches Element überbetont.

- Bei Menschen, die eine visuelle Kunst ausüben, entsteht oft eine Abneigung, Situationen objektiv untersuchend zu betrachten. Sie bleiben lieber im künstlerischen Erleben stecken. Es dominiert, daß sie alles künstlerisch auffassen.

- Bei Beamten und Angestellten des öffentlichen Dienstes kann die erworbene professionelle Fertigkeit, für jede Situation das Gesetz exakt auszulegen, ebenfalls zu einer Berufsschädigung führen; sie zeigt sich zum Beispiel, wenn von ihnen verlangt wird, angesichts einer Naturkatastophe schnelle, improvisierte Entscheidungen zu fällen.

- Ein Ausbilder kann es nur schwer ertragen, wenn er nicht fähig ist, jemandem zu helfen; dies könnte sein Unvermögen zeigen. Das führt oft zu inneren Verkrampfungen und Fehlentscheidungen.

- Der Geschäftsführer verwendet oft eine Willenssprache, knapp, schnell, abgekürzt, nur das Wichtigste, Nötigste sagend. Das kann zu einer Verkümmerung der Fähigkeit führen, sich in Ruhe zum Beispiel mit den Konsequenzen bestimmter Entschlüsse, moralischer Fragen oder Entscheidungen zwischen zwei grundlegenden Alternativen zu befassen. Viele Manager sind nach außen gerichtete Pragmatiker geworden, die ihr inneres Leben vernachlässigen.

Diese wenigen Beispiele mögen genügen, um eine weitverbreitete Berufsdeformation bewußtzumachen. Berufsdeformation bedeutet also, daß meine Persönlichkeit und mein Berufsvorgehen identisch geworden sind. Der hierfür entscheidende Punkt im Lebenslauf liegt verhältnismäßig spät, bei ungefähr 49 Jahren. Die Problematik fängt schon mit 28 an, wenn man im Berufsleben immer mehr zum Spezialisten wird und nur ein beschränktes Gebiet wirklich beherrscht. In dieser Zeit – von 28 bis 35 – trägt das noch viel zur Entwicklung bei. Zwischen 28 und 35 halten sich Individuelles und Beruf mehr oder weniger im Gleichgewicht. Ab 42 aber droht die Verführung, das, was man gut kann, immer weiter zu verbessern oder das um jeden Preis zu vermeiden, was man nicht so gut beherrscht, weil es Unsicherheit und Angst erzeugt. So werden die vierziger Jahre ein fortwährender, halb unbewußter Prestigekampf zwischen inneren Unzulänglichkeiten und äußeren Erfolgen. Der Spezialist – der Arzt, der Buchhalter, der Pfarrer usw. – darf keine Fehler machen und muß der Umwelt gegenüber immer wieder beweisen, daß er beruflich «perfekt» ist. Gegen 50 wird man so auf einem beschränkten Gebiet ein ewiger Wiederholer seiner selbst. Eine Verbesserung der eigenen Tätigkeit kann noch stattfinden, aber nicht etwas wesentlich Neues.

Das Heilmittel liegt in der Möglichkeit, etwas aufzugeben von seinem bewährten Können, um einen inneren Raum zu schaffen, in dem man kreativ bleiben kann. Neue Fragestellungen, neue Gebiete müssen angefaßt werden. Das Erwachen an den heutigen und kommenden Nöten der umgebenden Welt fordert dazu heraus, neue Fähigkeiten zu entwickeln. Dadurch bleibt man kreativ und überwindet die berufliche Deformation. So hat das Lernen in der zweiten Lebenshälfte einen anderen Charakter und entsteht aus einer anderen Phase in unserer Biographie. Die Vitalität ist nicht mehr so frisch und jugendlich und verlangt deshalb eine stärkere geistige Triebfeder, um den Lernwillen zu erwecken.

So ist mit 49 Jahren der kritische Punkt erreicht, an dem die Berufsfähigkeiten entweder hemmend werden oder umgewandelt werden können. «Wie bleibt man kreativ?», das ist die Hauptfrage für berufstätige Menschen in den letzten Phasen ihres Lebens.

Zusammengefaßt:

0 – 21 Jahre: Vom Schullernen zum Erwachsenenlernen. Stellt sich als Ich-Krise dar.

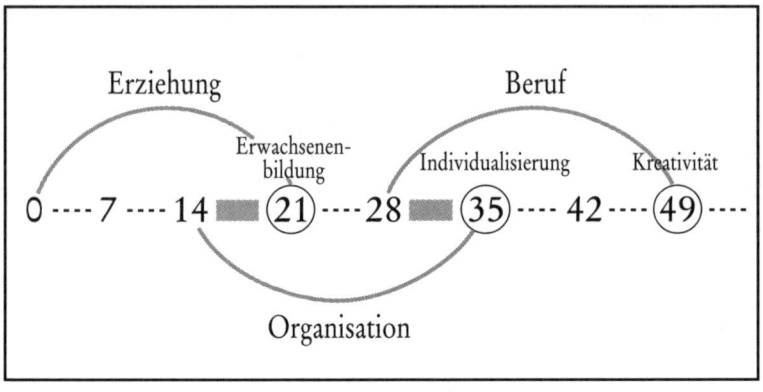

Schema 9

14 – 35 Jahre: Gemeinschaftsbildung und individuelle Entwicklung. Stellt sich als seelische Krise dar.

28 – 49 Jahre: Von der Berufsentwicklung zum kreativen Menschen. Stellt sich als geistige Krise dar (siehe Schema oben).

Dabei zeigt sich, daß sich die Wirkungsgebiete zwischen 14 und 21 sowie zwischen 28 und 35 überlappen. Das bedeutet, daß ab 14 die Schulerziehung schon auf das Erwachsenenlernen vorbereiten soll. Die Periode zwischen 28 und 35 ist etwas komplizierter, weil die Zeit, in der man Fähigkeiten des Erwachsenenlernens erworben hat, zusammenfällt mit dem Anfang der Professionalisierung, und zwar unter Einfluß aller organisatorischen Variablen. Kein Wunder, daß bei Mann und Frau diese Periode bis zum 42. Lebensjahr als Krise der Lebensmitte bezeichnet wird. Ganz bestimmte Erwachsenenbildungsprogramme können hier hilfreich sein. Sie sollten sich mit den Spannungsfeldern zwischen Individualität und Gemeinschaft (Ich und Familie), Ich und Beruf (Berufung und Beruf) befassen sowie mit der Entwicklung neuer Kräfte, um mit diesen Spannungen fertig zu werden. Lernen bedeutet hier, aus dem Umgang mit den Lebensbedingungen zu lernen. Wie auch immer unsere Erziehung bis 21 vor sich geht, man ist mit bestimmten Stärken und Schwächen ausgestattet. Unser Schicksal entfaltet sich aus dem, was wir mitbringen, und dem, dem wir begegnen. So tritt jeder Mensch mit Stärken und Schwächen, Möglichkeiten und Unvermögen in die Erwachsenenwelt ein. Die Forderungen seines Schicksals zeigen sich, die Lernaufgaben des Lebens werden sichtbar.

In der zweiten Periode, von 14 bis 35, hat man jetzt die Gelegenheit, durch die äußeren Anforderungen und durch die Arbeit an den inneren Schwächen zu lernen. Für das Schicksalslernen sind das sehr wichtige Situationen, weil die Schwächen durch die Konfrontation mit dem Leben in Stärken, das heißt in neue Fähigkeiten, umgeformt werden können. Gerade in Bereichen, in denen wir weniger weit entwickelt sind, wird durch Schicksalslernen die größte Veränderung erreicht. Es ist dabei möglich, den Sinn und die Aufgabe des persönlichen Schicksals zu entdecken. Die oben angedeuteten Erwachsenenbildungsprogramme in der Mitte des Lebens könnten diesem Lernziel gewidmet sein.

So kann die dritte Periode von 28 bis 49 vor allem in den vierziger Jahren der Umwandlung schicksalsbedingter Unzulänglichkeiten dienen. Unsere mitgebrachten Schwächen sind durch die Lebenserfahrungen nun zu neuen Stärken geworden. Man erlebt sie als selbsterworbene und nicht nur als mitgebrachte Talente. Die Begabungen selbst sind oft entwicklungshemmend. Ein überbetonter Intellekt kann Gefühlsarmut verursachen, eine Veranlagung zu reichem Gefühlsleben zu schwachem Denken führen usw.

Die Errungenschaften durch das Schicksalslernen sollten nach dem 49. Lebensjahr, wie schon ausgeführt, selbstlos anderen zur Verfügung gestellt und nicht als persönlicher Besitz verwaltet werden.

Wenn sich der Ausbilder vom wissenden und fähigen Fachdozenten zum helfenden Freund entwickelt, so kann das zu einem Teil seines eigenen Schicksalslernens werden.

12.4. Die sieben Lernprozesse in unserer Biographie

Bis jetzt stellten wir fest, daß Erwachsenenlernen durch die Einflüsse in der Erziehung, in der Organisationen, in der man arbeitet, und durch den Beruf sowohl unterstützt als auch gehemmt werden kann. Wie wirken aber die Lebensphasen selbst auf unsere Lernprozesse? Denn es ist bekannt, daß man in jedem Lebensalter anders lernt und daß sogar jede Lebensphase andere Lernkapazitäten zur Verfügung stellt.

Ein Ausgangspunkt unserer Betrachtung war, daß ab ungefähr 21 unser Ich die sieben Lebensprozesse zu Lernprozessen umformen muß. Wie verläuft das von 21 bis 28 Jahren, wie von 28 bis 35, wie von 35 bis 42 Jahren usw.?

In der geisteswissenschaftlichen Literatur wird die Seelenentwicklung in diesen drei Phasen beschrieben als

- Entwicklung der Empfindungsseele (von 21 bis 28 Jahren)
- Entwicklung der Verstandesseele (von 28 bis 35 Jahren)
- Entwicklung der Bewußtseinsseele (von 35 bis 42 Jahren).

Dieser Aspekt braucht hier nicht weiter ausgearbeitet zu werden, weil es schon ausführliche Literatur darüber gibt.[9] Er soll nur im Hinblick auf das Erwachsenenlernen betrachtet werden.

Die Entwicklung von 21 bis 28: Die Empfindungsseele unterstützt, ja verstärkt in diesem Lebensalter die ersten beiden Lernprozesse der Atmung und Erwärmung. Man sehnt sich danach, Neues aufzunehmen. Das Leben stellt sich dar als spannendes Abenteuer, man ist leicht begeistert oder enttäuscht. Das seelische Bedürfnis, Neues einzuatmen und sich damit empfindungsmäßig zu verbinden, ist sehr groß.

Die ersten beiden Lernprozesse werden durch die Empfindungsseele betont. Dies geschieht in einer Zeit, in der sehr viel Erwachsenenbildung stattfindet. Diese Veranlagung muß im Lernprozeß genutzt und so sehr verstärkt werden, daß die Aufnahme- und die Erwärmungsfähigkeit durch die anderen fünf Prozesse bis zur Kreativität, dem siebten Lernschritt, hindurchträgt.

Von 28 bis 35 Jahren: Die Verstandesseele ist mehr innerlich, sie verarbeitet und individualisiert. Dadurch verstärkt sie die drei mittleren Lernprozesse Verdauen, Individualisieren, Erüben. Sie kann der bewußten und sorgfältigen Verarbeitung des Aufgenommenen dienen. Bejahen, Verneinen, Bezweifeln, Prüfen, mit anderen Gesichtspunkten Konfrontieren sind alles Tätigkeiten, in denen die Verstandesseele zu Hause ist. Zwar ist der Individualisierungsvorgang (der vierte Schritt) ein Akt des Ichs, aber die Verstandesseele, die eigentliche Mitte der menschlichen Seele, unterstützt ihn. Das Lebensalter von 28 bis 35 ist die Mitte des Lebens, in der der Mensch am meisten im Gleichgewicht ist, in der er lernt, ein Zusammenklang zwischen Innenwelt und Außenwelt zu schaffen, und dadurch ein Stück innere Sicherheit entwickelt. Es ist aber auch ein Lebensalter, in dem viele Menschen durch das pflichtgemäße Wiederholen gewisser Denkmuster, Verhaltensformen und Willensabläufe zu Routinemenschen werden können. Bewußtes, systematisches, untersuchendes Üben ist eine Gabe der Verstandesseele, gedankenloses Wiederholen des Gelernten die Gefahr!

So unterstützt gerade die Verstandesseele die mittleren Lernprozesse von Verarbeiten, Individualisieren, Erüben. Wenn dies einerseits auf den beiden ersten Prozessen aufbaut und andererseits stark genug ist, um das Wachsen neuer Fähigkeiten zuzulassen und originell nach außen zu tragen, ist damit der ganze Lernprozeß vollzogen.

35 bis 42 Jahre: In dieser Lebensperiode nimmt – im biologischen Sinne – die tragende Energie unserer Lebenskräfte, unsere Vitalität, in unseren Lebensprozessen allmählich ab und muß durch eine stärkere Beteiligung unserer Ich-Kräfte ersetzt werden. Das unterstützt die Umsetzung von Lebensprozessen in Lernprozesse – allerdings nur, wenn das Ich in seiner Lernaktivität diese biologische Situation benutzt, um das Wachstum neuer Fähigkeiten stattfinden zu lassen sowie auch schöpferisch die umgeformten Lebenskräfte zu gebrauchen.

Abbau biologischer Lebenskräfte führt zu physischem Verfall oder zu neuer geistiger Vitalität, zu körperlicher Gebundenheit oder zu geistigem Aufwachen. Die Gefahr dieser Periode ist, daß der Bewußtseinsseele zuwenig von den beiden vorhergehenden Lernprozessen, dem Aufnehmen und dem erwärmenden Begeistern, zugeführt wird. Eine gewisse Öde, Leere, Einsamkeit, Langeweile und innere Ohnmacht zeigen sich. Man kann sich zunehmend nur noch von außen anregen lassen, sich immer weniger aus eigener Kraft von innen her aktivieren.

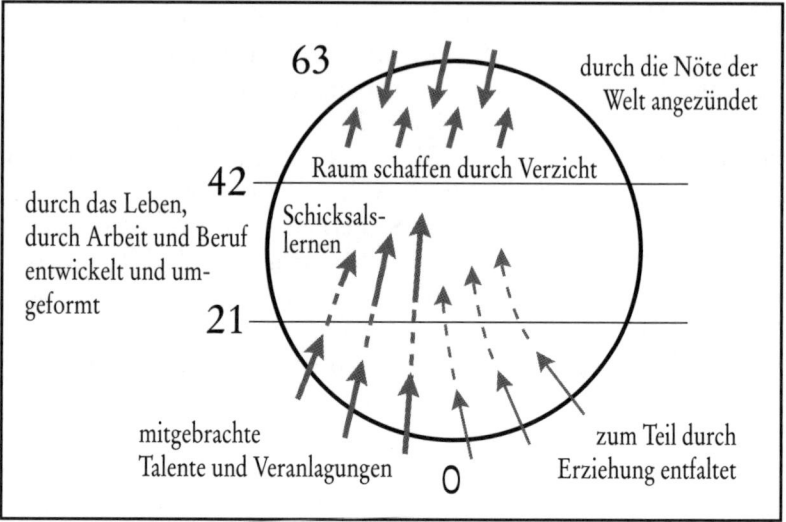

Schema 10

In den Lernprozessen der Erwachsenenbildung müssen oft starke Mittel und Lernaktivitäten angewendet werden, um Menschen zu helfen, wieder zum selbständigen, forschenden Lernen zu finden. Da ist aber viel mehr möglich, als allgemein angenommen wird.

Wie verlaufen nun die nächsten Perioden von 42 bis 63? Sie bieten die Möglichkeit, die vorherigen drei Perioden zwischen 21 und 42 Jahren zu wiederholen und dabei zu vergeistigen. Lernprozesse können, von einer höheren Warte aus gesehen, zu einem Schulungsweg werden. Die Fragen werden existentiell, erhalten einen neuen Sinn und sind mehr mit dem eigenen Leben verbunden. Lernen und einen geistigen Weg gehen werden immer mehr verwoben, begleitet durch die Schicksalsbegegnungen, die stattfinden.

Von 42 bis 49: Auf der Basis des Vorhergehenden sind offene Fragen entstanden. Sie verlangen eine neue Beobachtungsgabe, stärkeren Enthusiasmus, gründlicheres Verdauen usw. Der Unterschied zu den vorhergehenden Perioden ist, daß diese noch durch die seelische Entwicklung gestützt wurden. Jetzt erfordert alles mehr Anstrengung. Das Schicksal bleibt aber Helfer! Ich habe viele

136

Menschen kennengelernt, die sich durch außerordentliche, oft unerwartete Ereignisse wieder zu entwickeln begannen, allerdings nur dann, wenn diese «Einmischungen» als sinnvoll für den Weg des Schicksalslernens akzeptiert wurden. Man «sieht» sie dann anders und wird aus einer anderen Quelle erwärmt.

49 bis 56 Jahre: Während die entsprechende spiegelbildliche Periode von 28 bis 35 hauptsächlich der Individualisierung des Lernprozesses, der Absonderung, diente, geht es jetzt darum, neue Fähigkeiten wachsen zu lassen und dadurch wieder kreativ zu werden.

Wir werden im Leben mit vielen schlafenden Talenten geboren, die nicht selbst errungen, sondern einfach da sind. Während ein Teil von ihnen durch unsere Erziehung entfaltet und aktiviert wird, bleibt ein anderer Teil unentwickelt, weil er nicht wachgerufen wird. Der Beruf, die Arbeitsgemeinschaft, das Schicksal wecken, fördern und aktivieren weitere Veranlagungen im Leben des Erwachsenen. Man lernt immer hinzu. Mit 49 Jahren hat man viele Talente und Fähigkeiten erworben und einen reichen Erfahrungsschatz gesammelt. Es scheint, als hätte man all seine Möglichkeiten erschöpft. Eine weitere Entwicklung hängt nun von einer Art Opfer ab, das Verzicht enthält. Man muß fähig sein, etwas von dem Errungenen aufzugeben, um einen inneren Raum zu schaffen. Dann kann man etwas Neues entdecken – in Form einer ungelösten Frage, die in der uns entgegentretenden Welt lebt. Es gibt unzählige dieser Situationen mit verborgenen Fragen; mit dem hergebrachten Können und Wissen sind sie unfaßbar und unlösbar. Diese Nöte der Welt aufnehmen zu können ist der Anfang eines neuen Lernprozesses, der jetzt neue Fähigkeiten entstehen lassen kann. Wie in der Phase von 28 bis 35 ein weitgehend ichbezogener Lernprozeß stattfand, kann in den fünfziger Jahren ein altruistischer Lernprozeß einsetzen. Diese neuen Fähigkeiten sind selbst errungen, nicht einfach mitgebracht, höchstens Talente aus einem anderen Gebiet, die sich verwandelt haben. Eine musikalische Begabung kann sich in eine soziale Fähigkeit metamorphosieren, eine unternehmerische Veranlagung zur geistigen Initiativkraft. Diese biographische Übergangszeit ist die Quelle der Kreativität in der späteren Phase des Lebens. Nicht umsonst werden die fünfziger Jahre als das kreativste Lebensalter beschrieben.

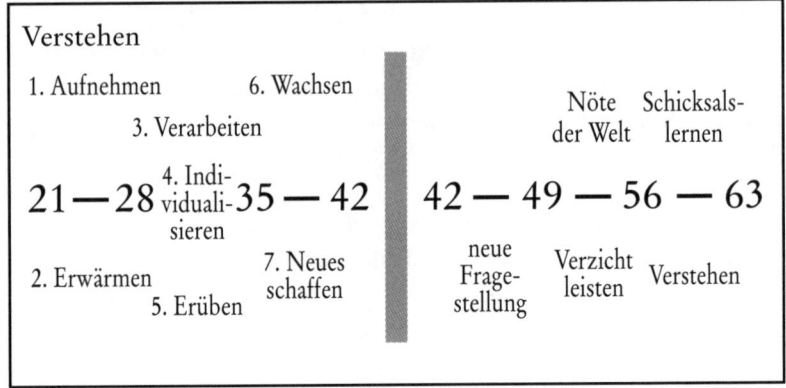

Verstehen

1. Aufnehmen   6. Wachsen

     3. Verarbeiten

Nöte   Schicksals-
der Welt   lernen

$$21 - 28 \underset{\text{sieren}}{\overset{\text{4. Indi-}}{\text{viduali-}}} 35 - 42 \quad\Big|\quad 42 - 49 - 56 - 63$$

2. Erwärmen   7. Neues
     5. Erüben   schaffen

neue
Frage-
stellung   Verzicht
leisten   Verstehen

Schema 11

Von 56 bis 63 Jahren: Weil wir zunehmend unabhängig von den Einflüssen unseres körperlichen Organismus werden, wird die Möglichkeit zum geistigen Aufbau immer größer. Die nach außen sichtbare Kreativität entspringt dann einer inneren Verjüngung. So können sich die sieben Lernprozesse über unser ganzes Leben erstrecken. Ja, unsere Biographie selbst kann sich als lernendes, wandelndes System der Entwicklung erweisen. Schicksalslernen wird eine Lebenserfahrung.

Gerade in den sechziger Jahren ist die Rückschau und Auswertung unserer Lebensgeschichte ein wunderbarer Lernprozeß, bei dem alle Erfahrungen in einem neuen Licht erscheinen können und gerade die unangenehmsten und die freudigsten Ereignisse eine große Bedeutung für das Schicksalslernen enthalten.

Das Curriculum unserer Lernbiographie ist ein Kunstwerk, das die beste Universität der Welt weit übertrifft – deshalb der Versuch, hier den Zusammenhang zwischen unserer Biographie und unserem Lernen zu zeigen. Er kann auch dem Ausbilder als Beispiel dienen, wie man Lernsituationen schaffen könnte, die das Lebenslernen unterstützen. Es scheint, daß unser Lernen geistige Entwicklung mit einschließt, wenn unser Ich unablässig danach strebt, zu wachsen und zu werden, und dadurch unseren dritten Grundtrieb, den Verbesserungstrieb (siehe Kap. 1), erhöht.

Es wird wohl klar sein, daß das Lernen in den siebziger, achtziger und neunziger Jahren immer weniger körpergebunden wird und oft die sieben Lernprozesse fast zu gleicher Zeit ablaufen. Dabei erntet man Vergangenes und pflanzt Keime für die Zukunft. So sind die sieben Lernprozesse in unserer Biographie beheimatet und können durch die Schicksalsmächte zum Lebenslernen werden.

Im nächsten Abschnitt wird der siebengliedrige Lernprozeß im Schicksalslernen beschrieben.

12.5. Der siebengliedrige Lernprozeß im «Schicksalslernen»

Während der Arbeit an dem vorliegenden Buch hat das Schicksalslernen als ein Aspekt des Erwachsenenlernens eine stürmische Entwicklung erfahren: seine Didaktik, unterstützende Übungen, spezielle Kurse und workshops sowie bestimmte Anwendungsmöglichkeiten auf anderen Feldern, etwa der Kunsttherapie, der Beratung usw., wurden weiterentwickelt. Es gibt inzwischen eine Ausbildung für Menschen, die Schicksalslernen helfend begleiten.

Wie man mit diesen Prozessen des Schicksalslernens arbeitet, wird bereits angewendet in bestimmten Biographieseminaren (mit den Themen «Von der Biographie zum Karma», «Karmaseminare» ebenso wie «Ausbildung für die Biographiearbeit»), wie sie an verschiedenen Orten in Europa entwickelt wurden.

Der Autor arbeitet an einem weiteren Buch, das den Aspekt des Erwachsenenlernens im Schicksalslernen detaillierter entwickeln wird. Was im folgenden dargestellt wird, sollte daher lediglich als eine Einführung betrachtet werden. Es wurde mit aufgenommen, um zu zeigen, wie die drei Aspekte des Erwachsenenlernens («Schullernen», «Schicksalslernen» und «geistiger Schulungsweg») ein integriertes, miteinander verwobenes Ganzes bilden, von denen jeder auf den sieben Lebens- bzw. Lernprozessen beruht und die jeweils anderen ergänzt und unterstützt.

In Kapitel 5 wurde der siebengliedrige Lernprozeß als ein mehr oder weniger organisierter, bewußter Prozeß beschrieben. Im vorhergehenden wurde aber auch ein viel unbewußterer Lernvorgang dargestellt, der sich im Leben abspielt, vom Schicksal gelenkt wird und in Biographien oft als der allerwichtigste, der eigentliche Entwicklungsprozeß des Menschen erscheint. Wenn man nun versucht, dieses Lernen vom Schicksal und vom Leben zu einem bewußten Lernprozeß umzugestalten, dann zeigt sich bald, daß auch hier die sieben Lernschritte den Grundzug bilden können. Im folgenden wird nun versucht, diese sieben Schritte, die man sich aber mühselig aneignen muß, zu beschreiben.

Ein maßgeblicher Unterschied zu dem üblichen Lernprozeß liegt in dem Lern*material,* da hier die Schicksalsereignisse, Schicksalssituationen oder auch unsere physische Konstitution von ganz individueller Beschaffenheit sind. Das heißt, daß das Lernmaterial das Schicksal selbst, das Karma, ist.

Ein zweiter Unterschied liegt darin, daß die sieben Schritte eigentlich ganz neue Eigenschaften und Grundhaltungen verlangen, die in dieser Form normalerweise nicht aufgebracht werden.

Ein dritter Unterschied ist der, daß «Lernen zu lernen» hier bedeutet, eine immer größere Freiheit in der Wahl bezüglich des Schicksals zu erreichen. Das Lernziel ist also, das Lebenslernen bewußter zu handhaben und zu beschleunigen. Dadurch lernt man immer mehr, den Schicksalsereignissen kreativ entgegenzutreten.

12.5.1. Erster Schritt: Atmung – ein Schicksalsereignis beobachten können

Auf dieser Stufe müssen wir lernen, Schicksalsereignisse mit allen unseren Sinnen zu beobachten. Dies ist sehr viel schwieriger als beim normalen Lernen, weil das Schicksal von außen her auftritt und der Mensch ihm von innen her in einer bestimmten Weise begegnet. Es gehört zu der Person, die es trifft, und löst sofort alle möglichen Reaktionen aus, die erst überwunden werden müssen, bevor es möglich wird, die Schicksalssituation mit den Sinnen wahrzunehmen. Es gibt viele Übungen, die uns beim Erwerb dieser Qualität des Lernens – das Schicksal so objektiv wie möglich anzuschauen – helfen; nützlich ist in dieser Hinsicht die *Tagesrückschau,* wie Rudolf Steiner sie angegeben hat.

140

Das Schicksal manifestiert sich in Ereignissen, die im Äußeren stattfinden, aber ebenso darin, was im Inneren während des Ereignisses geschieht. Eine ausgezeichnete Methode, zumindest einen Aspekt unseres Schicksals zu beobachten, ist die, ein solches Ereignis in Erinnerung, sorgfältig durchzuarbeiten. Ich rufe mir ein Ereignis in Erinnerung, von dem ich spüre, daß es von Bedeutung war. Jedes mögliche äußere Sinnesdetail wird erinnert: Wie sah das Ereignis aus? Wie waren die Geräusche, die Gerüche, die Temperatur usw.? Als nächstes: Was geschah im Inneren zur Zeit des Ereignisses? Welche Gedanken stiegen in mir auf? Was fühlte ich in diesem Moment? Was wollte ich? Das Schicksal wird «ein-» und «ausgeatmet», und das Karma wird selbst zum Lernziel. Dazu ist es nötig, daß ich die Fähigkeit entwickle, das Ereignis als eine innere und äußere Tatsache genau zu beobachten.

Von daher wird deutlich, warum die Tagesrückschau tatsächlich eine Karmaübung ist. Sie erzieht uns dazu, beständig in der oben beschriebenen Weise zu arbeiten.

Zur Unterstützung wird oft die folgende Übung herangezogen:

Das Schicksalsereignis berichten

a) Vorbereitung des Erzählers:

Es sollen sehr kleine prägnante Szenen sein, die berichtet werden. Man kann auch aus längeren Abläufen einen Ausschnitt auswählen.

– Erinnere und notiere exakt und detailliert die äußeren Vorgänge während des Ereignisses.
– Erinnere und notiere, welche Gefühle und Willensregungen Du während des Ereignisses hattest.
– Nimm die folgenden Anmerkungen und Fragen zur Darstellung bei der Vorbereitung zu Hilfe.

b) Darstellung des Ereignisses:

1) äußere Schwelle / Sinnesschwelle

– Beschreibe *genau* jede «Sinnes»-Beobachtung, die Du *während* des Ereignisses gemacht hast.
  Beispiele für Details: In welcher Reihenfolge geschieht es ge-

nau? Wie ist das Arrangement der Szene(n)? Wo genau stehen oder bewegen sich Personen und Gegenstände? Wer spricht mit welcher Lautstärke, in welchem Tonfall? Wie sind Kleidung, Farben, Helligkeit?
– Was geschah kurz vor dem Ereignis und kurz danach?

2) innere Schwelle / Seelenschwelle
– Was hast Du *während* des Ereignisses gedacht und gefühlt? Beschreibe *genau* die innere Beobachtung im *Zusammenhang* mit den äußeren Abläufen.
– Welche Willensregungen fanden dabei statt?
– Fasse alles zusammen in ein Bild, eine Geste, eine Qualität.

12.5.2. Zweiter Schritt: Erwärmung – das Ereignis in die eigene Biographie hereinnehmen

Jetzt muß diesem Ereignis ein Platz in meinem gegenwärtigen Leben und in meiner Biographie gegeben werden. Das gewählte Ereignis wird zu einem bewußten Teil meiner Geschichte. Es gehört zu mir, es ist in meinem Leben enthalten. Wenn ich beispielsweise mit 32 Jahren einen Unfall habe, kann dies ein sehr wichtiger Moment des Schicksals sein. Vieles hat darauf hingeführt, und viele Konsequenzen folgen. Indem ich mir das Ereignis im Sinne dieser Übung zum Bewußtsein bringe, wärme ich mich damit an, verbinde ich mich damit als mit einem Teil in der Gesamtheit meines Lebens, meiner Biographie. Seine Bedeutung ist mir vielleicht noch nicht klar, aber die Verbindung mit meiner persönlichen Entwicklung wird als ein Erwärmungsprozeß erfahren.

Dieser zweite Schritt ist stärker nach innen gerichtet, weil er eine Bedeutung für das Leben des einzelnen besitzt. Das Schicksalslernen wird verstärkt und vertieft. Wesentliche Fragen tauchen auf, etwa: Was für eine Qualität hat das Ereignis? Mit welcher Gebärde ist es verbunden? Erkenne ich ähnliche Situationen in meiner Biographie, oder steht es für sich? Das Schicksal, das mir begegnet, wird «erwärmt» und wird zu meiner eigenen Angelegenheit, wenn sich die karmische Komposition unserer Biographie enthüllt. Jegliche sogenannte Biographiearbeit, die vom Gesichtspunkt des Schicksals aus geleistet wird, kann diesen zweiten Lernschritt unterstützen.

12.5.3. Dritter Schritt: Verarbeitung – die Bedeutung der Schicksalskräfte entdecken

Den nächsten Schritt, den «Verdauungs- oder Verarbeitungsprozeß», muß ich betrachten können als ein Zusammentreffen zweier Aufgabenstellungen:

– Was wird von außen von mir verlangt?

– Wie kann ich diesen Anforderungen mit meinen mir verfügbaren Kräften begegnen?

Das Schicksal kann den Menschen begünstigen oder herausfordern. Es kann große Freude bringen, Unglück oder zahllose weitere Umstände. All dem treten die Menschen mit ihren physischen, gefühlsmäßigen und geistigen Möglichkeiten und Schwächen entgegen. Diese zwei Welten verbinden sich selten bewußt miteinander. Aber gerade aus diesem Grund ist die Art und Weise, wie sie sich begegnen, wesentlich. Alles hängt davon ab, ob die Menschen gut darauf vorbereitet sind, ihr Schicksal als ein Problem des Lernens vom Leben zu akzeptieren. Hierzu gehört viel Mut, denn es gibt unendlich viele Möglichkeiten, Schuld zuzuweisen und andere Menschen oder äußere Umstände für das verantwortlich zu erklären, was einem zugestoßen ist bzw. was man kann oder nicht kann. Das aber heißt, daß die betreffenden Personen das, was ihnen zustößt, nicht als Teil des Schicksals akzeptieren, das mit ihnen verbunden ist und etwas von ihnen verlangt. Deshalb wird dieser Lernschritt oft als ein inneres Ringen um Selbsterkenntnis erfahren. Hat man sich jedoch intensiv damit befaßt, so ist das Ergebnis die Erkenntnis, daß man einen klaren, sinnvollen Schritt im Lernen durch das Leben gemacht hat.

Man kann ein karmisches Ereignis als solches identifizieren und es auch innerhalb der gesamten Konfiguration der eigenen Biographie verstehen; dennoch ist es oft unvermeidlich, daß man stark mit sich selbst konfrontiert wird, wenn man sich zu fragen beginnt: Was *ist* das Ereignis? Warum ist es *mir* zugestoßen? Fragen tauchen auf wie: Wer bin ich wirklich? Warum mußte das mir passieren? Was muß ich dafür tun?

Bei dem Schritt des Verdauens braucht man oft Hilfe. Manche Menschen können ihn selbst vollziehen, andere sind dazu nicht in der Lage. Wir haben es mit einem Gebiet zu tun, wo ein «helfendes Gespräch» oder eine Beratung nützlich sein kann.

Von Vorteil kann der Gedanke sein: Wenn ich eine andere Person wäre, wäre mir das nicht auf diese Weise zugestoßen. – Das ist für gewöhnlich schmerzhaft, weil ich erkenne, daß alles, was mir zugestoßen ist, genau deshalb geschehen ist, weil ich bin, was ich bin. Eine zweite Frage schließt sich dann an: Welche Kräfte muß ich in mir entwickeln, oder was muß ich in mir verändern, um dieses Lernereignis überflüssig zu machen? Oder ähnlich: Warum benötige ich diesen Aspekt des Schicksals, und warum muß ich durch das Ereignis hindurchgehen?

Dieser Verdauungsprozeß führt zur Begegnung mit einer sogenannten «zweiten Person in uns». Wir sehen tatsächlich zwei Menschen: die *Person*, die sich in diesem Leben entwickelt hat, durch die Familie, das Land, die Sprache usw., und das *Ich* aus vorangegangenen Inkarnationen, das in unserem Willen lebt und praktisch unser Wille *ist*. In der bisher unbemerkten Person lebt die andere Person, die aus alten Inkarnationen heraus weiterwirkt. Aspekte jener zweiten Person werden bei diesem dritten Schritt entdeckt und offenbaren sich durch unsere Schicksalssituation, wenn wir den Mut haben, das Verborgene zu enthüllen. Die Ursache im vorigen Leben für das heutige Schicksal wird erkannt.

Auch ein Teil unseres «Doppelgängers» kann sichtbar werden, wenn wir in dieser Weise lernen, und viele karmische Ergebnisse von Vorfällen, die in der Vergangenheit nicht verwandelt wurden, werden entdeckt. Seelisches Durcheinander rührt meistens von unverarbeitetem altem Karma her. Das ist ein weiterer Grund, warum Mut vonnöten ist, sich auf diese Stufe des Ichs zu begeben.

144

12.5.4. Vierter Schritt: Individualisierung – das Schicksal annehmen

Als nächstes muß das Problem des Lebenslernens zu unserer Lebensaufgabe gemacht werden. Das ist etwas ganz anderes als der Versuch, ein Problem zu lösen. Der äußere Vorgang verschwindet jetzt ganz; er war nur ein Anlaß und wurde «abgesondert» als ein Bestandteil für unser zukünftiges Leben. Es wird zur Pflicht für uns, im täglichen Leben daran zu arbeiten. Individualisierung bedeutet, einen Willensentschluß zu vollziehen, der sowohl das Motiv wie den Antrieb zu allem weiteren Schicksalslernen liefert.

Wenn wir uns beim Schicksalslernen mit Karmakräften befassen, sehen wir eine Lebenssituation, die in den höheren Welten aus unseren Taten und Leistungen früherer Erdenleben heraus vorbereitet wurde. Wieder muß erwähnt werden, daß es Mut erfordert, auf diese Weise ein Ereignis anzuschauen, es in unserer Biographie zu enthüllen und zumindest einen Aspekt unserer selbst, wie wir wirklich sind, zu beobachten.

Der Prozeß auf dieser vierten Stufe bedeutet, sich zu einer völligen Identifikation mit dem eigenen Karma hinzuentwickeln. Völlige Identifikation bedeutet, die Wahrheit des vergangenen Karmas und die Lernaufgabe für die Zukunft einzusehen und sie zu akzeptieren. Wir müssen das Verständnis entwickeln: Das einzige, das mir wirklich gehört, ist mein Karma. – Sobald wir diese Einsicht erlangt haben, ist der Moment gekommen, wo es zu unserer Mission und Aufgabe wird, unser Schicksal zu tragen, es anzunehmen, uns zu eigen zu machen und mit ihm zu arbeiten, wie das Karma es von uns verlangt.

Eine der Methoden, die hier helfen können, liegt darin, niederzuschreiben, was wir entdeckt haben, da es sehr leicht vergessen werden kann. Eine andere Methode, die hilft, sich dieser völligen Identifikation zu nähern, ist, ein farbiges Bild jener «zweiten Person» zu malen und in weiteren Bildern darzustellen, was aus ihr in der Zukunft sich entwickeln kann. Manchmal wird der zweiten Person ein Name gegeben, so daß wir sie weiterhin als Begleiter mit uns tragen können.

Es ist wichtig, jede Phase dieser Schicksalsprozesse gewissenhaft durchzuarbeiten, denn es ist so leicht, bei den ersten Phasen oder bei lediglich halbverdauten Dingen stehenzubleiben. Das erfordert sehr harte Arbeit während des Lernprozesses.

12.5.5. Fünfter Schritt: Erhaltung – die Verwandlung im täglichen Leben erüben

Dieser Schritt hat einen anderen Charakter als das gewöhnliche Lernen, weil die karmische Entscheidung des vierten Schrittes das zukünftige Schicksal schon mitgestaltet. Die Frage ist jetzt, wie man die geeigneten Übungen findet, um diese Entscheidung, die jetzt «Aufgabe» ist, zu erhalten und zu pflegen – und zwar nicht in einer vorgegebenen Lernsituation, sondern im täglichen Leben selbst. Das auf mich zukommende Schicksal wird mir zum Übungsfeld; das Üben muß in meiner Lebensweise seinen eigenen Platz bekommen.

Darüber hinaus kann man entdecken, daß das Leben selbst zum Lehrer wird und mir viele Hinweise gibt, wie und was man üben soll. Die Kunst, derart vom Leben zu lernen, ist also, eine neue Form des Lernens zu entdecken. Das Leben selbst stellt dabei einen verborgenen Lehrmeister dar, der mir den Lehrstoff, die Lernmethode und Lernziele fortwährend anbietet.

Nehmen wir an, daß der vierte Schritt vollendet wurde und wir die Aufgabe vor uns sehen. In der Praxis bedeutet das dann, daß wir jenen Teil unseres Wesens erkannt haben, der verwandelt werden muß. Das Problem liegt darin, daß solche Bilder verschwinden können oder vergessen werden; daher müssen wir sie aufrechterhalten und auf sie achtgeben. Das ist mit der Tätigkeit des Ausübens und Anwendens gemeint. In normalen Lebenssituationen machen wir Übungen, im Schicksals-Lernprozeß findet das Üben im täglichen Leben statt. Wir können erüben, wenn das nächste Ereignis stattfindet, und wir können erkennen, wie sich dann dasselbe Muster wieder ereignet. Ich kenne eine Frau, die sich eine Situation sehr gut erarbeitet hatte, weil sie sich völlig damit identifiziert hatte. Es half ihr, ein Bild zu machen und es zu bezeichnen. Sie sagte: «Mein Bild ist das eines netten kleinen Mädchens in mir, das nie erwachsen wurde. Es wurde mir anerzogen. Ich habe das Bild noch immer, und das bedeutet eine Last für mich.» Jetzt, in der Phase der Anwendung, wenn sie sich in einer sozialen Situation befinden, etwas sagen und erkennen würde: «Ach, da ist wieder das nette kleine Mädchen mit einem Lächeln», würde sie etwa dagegen tun können, als eine Übung, das zu verwandeln, was sie in ihrem Innern nicht leiden konnte.

Dieses Identifikationsbild in uns zu tragen ist eine Voraussetzung für das Erüben. Wir konfrontieren uns wiederholt mit dem Bild, während eine langsame Verwandlung stattfindet. Ich habe den Eindruck, daß jemand, der die ersten vier Schritte absolviert hat, bereits sein künftiges Schicksal beeinflußt. Es ist sehr schwer zu sagen, ob sich das ereignet, weil wir erkennen und mit dem Bild arbeiten, oder weil unser Engel oder die geistige Welt uns hilft oder eine Kombination von beidem stattfindet. Wie auch immer, es muß daran liegen, daß das Annehmen des Schicksals als einer Realität im Leben für uns wirklich eine *Wahl* darstellt. Es ist gewöhnlich eine schockierende Erfahrung, weil uns mit aller Macht bewußt wird, daß wir bis jetzt in einer Illusion gelebt haben. Auch unsere Art des Denkens, die Vorstellungen, Gefühle, Wünsche, Intentionen usw. tendieren dazu, die Schicksalskräfte zuzudecken. Wir müssen dies sehr ernst nehmen. Gegenwärtig betrifft das besonders die Gefühle, über die wir sehr viel sprechen. Glauben wir wirklich, daß unsere Gefühle nur mit dem Jetzt in Zusammenhang stehen? Nein, die meisten unserer Gefühle kommen von unseren vorgeburtlichen Erfahrungen. Wir haben natürlich einen bewußten Aspekt dabei, aber auch einen unbewußten Aspekt, bei dem das meiste unseres Gefühlslebens wirklich etwas ist, das vom vorgeburtlichen Dasein in dieses Leben hineinwirkt. Das ist der Ursprung der meisten Gefühle. Dies ganz zu erkennen ist auch eine Hilfe, wenn wir uns mit unserem Schicksal befassen.

Auch der Wille reicht weiter zurück, denn die Lebensimpulse in unserem Willen stammen aus unseren früheren Inkarnationen.

12.5.6. Sechster Schritt: Wachstum –
die neue Fähigkeit der Schicksalswahrnehmung wachsen lassen

Alle dieser Schritte werden uns stetig zu der neuen Fähigkeit führen, im Innen und Außen die Schicksalskräfte zu beobachten. Das Netz der Schicksalskräfte, die in zwischenmenschlichen Beziehungen weben, wird uns bewußt. Das Schicksal in Vergangenheit, Gegenwart und Zukunft kann als Entwicklungsprozeß verstanden werden. Die Realität der Karmakräfte, die sich im Leben darstellen, aber zugleich tief geistiger Natur sind, wird langsam zur Erfahrung.

Oft, wenn eine Reihe von Ereignissen nach der Art der ersten fünf Schritte, wie sie oben beschrieben wurden, durchgearbeitet wurden – genau wie in einem normalen Lernprozeß –, beginnen sie sich zu verknüpfen, sich gegenseitig zu durchdringen und eine Symbiose zu bilden. Der Prozeß dieser sechsten Stufe verwandelt sich schließlich in eine neue Fähigkeit des Herzens. Das hängt zusammen mit einem wachsenden Gewahrwerden der Schicksalskräfte: dem «Sinn für Karma».

Es wird klar, daß das Ziel des Schicksalslernens primär nicht darin besteht, Probleme zu lösen, sondern vielmehr damit zusammenhängt, das vergangene Schicksal in künftige Fähigkeiten zu verwandeln. Es vollzieht sich, indem man wahrnimmt, daß die Schicksalskräfte vom Herzen und nicht vom Kopf beobachtet werden. Schicksalslernen heißt daher, ein wachsendes Bewußtsein davon zu bekommen, wie wir jeder Situation wie neu begegnen. Das zunehmende Bewußtwerden des eigenen Schicksals tritt in einem größeren Zusammenhang auf und verknüpft sich allmählich immer mehr mit den Schicksalen anderer Menschen. Wir beginnen ein ganzes Schicksalsnetz zu erahnen und kommen langsam von unserem individuellen Karma zu einer Wahrnehmung, daß alles mit einem viel größeren Karmageflecht zusammenhängt, das wächst, bis es schließlich die ganze Menschheit umfaßt.

Die sogenannten negativen Aspekte in unserem Karma sind in Wirklichkeit die größten Möglichkeiten für die Zukunft; aus diesem Grund gibt es sie! Dies alles wird durch das wachsende Bewußtsein deutlich.

12.5.7. Siebter Schritt: Reproduktion –
Ordnung in das eigene Schicksal bringen

Als Krönung der sechs vorherigen Schritte erscheint die wachsende Möglichkeit, kreativ mit Schicksalssituationen umzugehen. Das bedeutet, in heilender und harmonisierender Weise in einen langsam sich erweiternden Freiheitsraum eingreifen zu können. Schicksalslernen erscheint als das wesentliche, eigentliche Lernen. Es bildet die Grundlage für alles andere Lernen, das bis jetzt beschrieben wurde. Es hat den Menschen selbst zum Ausgangspunkt. Denn ist nicht jede Lernsituation eine Begegnungsform, herbeigeführt durch das Schicksal?

Auch merkt man, daß dieser Lernprozeß ganz persönlich anfängt, aber immer mehr als ein Schicksalsnetz erscheint, das mehr und mehr Menschen umfaßt.

In der Geisteswissenschaft findet man viele Übungen angegeben, die angewendet werden können, um diese sieben Lernschritte zu unterstützen, zum Beispiel:

– die tägliche Rückschau
– den «zweiten Menschen» in uns wahrzunehmen
– die viertägige Karmaübung
– die sogenannte «Drei-Ebenen-Übung»
– Wahrnehmungsübungen usw.[10]

Während wir durch die sechs vorherigen Schritte hindurchgehen, wächst die Fähigkeit karmischer Wahrnehmung immer mehr. Wir bekommen dabei ein viel objektiveres Verhältnis zu unserem Karma. Das kann so weit gehen, daß der Spielraum des Wählenkönnens größer wird und wir in ihm kreativ werden können.

Es ist wichtig, sich klarzumachen, daß das Schicksalslernen ein ganz anderes Ziel hat als das normale Lernen, bei dem wir zum Beispiel – als eine spezifische Fertigkeit – eine Bilanz zu lesen lernen. Beim Schicksalslernen haben wir ebenfalls eine neue, sehr spezielle Fähigkeit entwickelt: die Fähigkeit, die Fäden des Schicksals wahrzunehmen, das zwischen den Menschen webt. Indem wir uns mit unserem eigenen Schicksal intensiv beschäftigen, wächst diese Fähigkeit, und je mehr sie wächst, um so mehr entsteht ein Freiheitsraum. Darin besteht der siebte Schritt: im Hervorbringen eines schöpferischen Verhältnisses zum Schicksal.

Dieser Lernweg wird auch dem im ersten Kapitel beschriebenen Entwicklungstrieb voll gerecht, ist dieser letztlich doch auf einem Lernprozeß gegründet, der auf ein Verarbeiten des Schicksals ausgerichtet ist.

Auch eine Form von Schicksalslernen ist es, wenn der Ausbilder seinen eigenen Bildungsweg betrachtet, um neue Lernformen zu finden, wie sie in Kapitel 15 beschrieben sind.

Zusammenfassend darf man sagen, daß Schicksalslernen als Ausgangspunkt aller Lernprozesse angesehen werden kann. Es befruchtet, vertieft und vermenschlicht das übliche, oft abseits vom Leben stehende schulmäßige Lernen. Es bildet aber auch den Ausgangspunkt zum geistigen Schulungsweg.

Teil 3: Praktische Anwendungen

13.
Lernen zu lernen

Die Erfahrungen in vielen Ausbildungsstätten zeigen, daß die meisten Menschen unvorbereitet sind für das Lernen, wie es für den erwachsenen Menschen angemessen ist und wie es hier anzudeuten versucht wurde. Oft verlangen sie schulähnlichere Lernformen, akademische Systeme oder aber völlige Freiheit. All dies würde im Grunde einen Ausbilder für Erwachsene überflüssig machen. So hat sich die Auffassung gebildet, daß Erwachsenenbildung eigentlich immer damit beginnen sollte, den Teilnehmern ein Verständnis davon zu vermitteln, wie man in einer erwachsenengemäßen Weise lernt und mit Lernblockaden umgeht. Die Hemmnisse beim Erwachsenenlernen können vielerlei Ursachen haben.

1. Ein Großteil beruht auf Schädigungen durch die Außenwelt in der Kindheit, während der Schulzeit, in Ausbildungsstätten, auf der Universität. Hier werden Methoden, Eigenschaften, Grundhaltungen und Gewohnheiten anerzogen, die hemmend oder störend wirken können. – Der Übergang vom Kindeslernen zum Erwachsenenlernen ist ohnehin ein sehr eingreifender Schritt, und es gibt unzählige Erwachsene, die ihn noch nicht oder nur teilweise vollzogen haben. Eine gründliche Diagnose der eigenen Lernfähigkeite, der Hemmnisse und spezifischen Methoden, diese zu beheben, ist heute erforderlich.

2. Eine zweite Kategorie hat mit der inneren Beschaffenheit des Menschen zu tun. Unsere Veranlagungen sind ganz verschieden, viele Seelenkräfte sind unterentwickelt oder überbetont. Hier sollte man den geistigen Schulungsweg (den dritten Lernweg) in Betracht ziehen, um seine Möglichkeiten als erkennendes und lernendes Wesen immer weiter zu entwickeln.

Im weiteren werden eine Methode zur Entdeckung von Lernbarrieren und Hinweise zu ihrer Überwindung angegeben, die sowohl für den Ausbilder als auch für den lernenden Erwachsenen wichtig sind.

Es gibt unzählige Lernblockierungen, so viele, daß es unmöglich ist, alle aufzuschreiben. Deshalb werden für jeden der sieben Lernschritte nur einige angegeben – hoffentlich genügend, damit der Leser selbst weiterforschen kann. Auch stellen wir nur einige mögliche Maßnahmen für helfende Übungen dar – hoffentlich genügend, um die jeweils geeigneten für jede Person finden zu können.

Die folgenden Blockierungen haben Kollegen beschrieben, die auf das Problem hin befragt wurden.

13.1. Die sieben Lernschritte als Diagnose für Lernbarrieren

13.1.1. Beobachtung – Aufnehmen

Im allgemeinen kann man sagen, daß überall dort, wo unsere zwölf Sinne irgendwie getrübt sind, eine Lernbarriere auftritt. Unsere Beobachtungsfähigkeit bildet den Weg zu allem Lernen. Von der Fähigkeit unseres Ich, alle zwölf Sinne bei der Beobachtung aktiv einzusetzen, hängt die Wirksamkeit unseres Lernens ab.

Blockaden:

– den Erwärmungsprozeß und/oder den Verdauungsprozeß schon beim Aufnehmen in Gang setzen
– nur in genau definierten Begriffen aufnehmen wollen oder können
– nur in Bildern aufnehmen wollen oder können
– nur mit einem bestimmten Lernmodell aufnehmen wollen oder können
– nur in Worten denken können, nicht hören können, was gemeint ist

- kritisch oder mit starken Vorurteilen aufnehmen
- allgemeine Aversion gegen Vorträge, Belehrungen, Darstellungen
- Verlangen nach Vorträgen, Belehrungen, Darstellungen
- Aversion gegen Autorität
- Verlangen nach Autorität
- Aversion gegen Behauptungen
- Bedürfnis nach Behauptungen
- passives Aufnehmen
- emotionales Aufnehmen usw.

Lösungen:

Es ist klar, daß sich in das «Aufnehmen» unser Egoismus einschleicht. Die Sinne sind selbstlos, unser Ich aber nicht. Richtiges Atmen und richtiges Aufnehmen muß selbstlos werden. Deshalb wirkt alles Pflegen der Grundhaltungen von Offenheit, Staunen, Verwunderung, Verehrung gesundend auf den Wahrnehmungsprozeß, ebenso alle Übungen, die zur Verlebendigung der Sinnesbetätigung beitragen. Die vielen Übungen, die das objektive visuelle und auditive Beobachten steigern, können hier den Lernenden unterstützen.

13.1.2. Erwärmung – Sich-Verbinden

Im allgemeinen kann man sagen, daß überall dort, wo das Ich nicht imstande ist, innerlich aktiv zu werden, der Lernprozeß keinen Zündstoff hat und deshalb gelähmt wird. Das Ich muß Wärme aus sich selbst heraus produzieren können, indem es ein aktives, tiefes und begeisterndes Interesse aufrechterhält an den Dingen, denen es sich zugewandt hat.

Blockaden:

- Gleichgültigkeit; Erlebnisunfähigkeit
- keine Phantasie haben (man braucht Phantasie, um etwas interessant zu finden)

- keine Beziehung dazu finden, wenn es nicht auf «meine» bestimmte Art dargestelllt wird
- nur bestimmte Sachen interessieren mich, andere nicht
- «Schon gehabt!», «Kenne ich schon!» (Reizüberfluß)
- Überenthusiasmus usw.

Lösungen:

Alle Störungen beruhen hier auf Unregelmäßigkeiten in dem Verhältnis Innenwelt – Außenwelt, das sich hauptsächlich in unserem Gefühlsleben abspielt. Deshalb sind alle Übungen, die es unserem Ich ermöglichen, aktiv (wärmend-kühlend) und regulierend einzugreifen, eine Verstärkung des Lernprozesses.

Dies ist maßgebend für die ersten drei Lernschritte, weil erst die Ich-Wärme eine Beobachtung zu einer bedeutungsvollen Wahrnehmung macht, Gefühlsstörungen überwindet und Energie für den Verdauungsprozeß liefert.

13.1.3. Verdauung – Verarbeitung

Im allgemeinen kann man sagen, daß unsere Neigung zu Bequemlichkeit und Wohlbehagen unseren Geist immer mehr zur Faulheit verführt. Für unser körperliches Wohl bringen wir viel physische Energie auf, für unser geistiges Wohl aber sehr wenig. So bildet eine Art geistiger Entropie die größte Barriere für den Verdauungsprozeß: Viel Inhaltliches sinkt unverdaut in unseren Organismus, wo es sowohl Nervosität als auch Stoffwechselstörungen hervorrufen kann.

Blockaden:

- passives Aufnehmen von Lernstoff
- Neigung zu seelischer Bequemlichkeit
- geistige Faulheit
- körperlich zu erdgebunden sein
- nur intellektuell verarbeiten

- nur emotional verarbeiten
- Angst vor Konsequenzen
- Angst, den Lerninhalt zu zerstören
- Angst vor Neuem, das unsere gegenwärtigen Überzeugungen vertreiben könnte
- Angst vor peinlichen Fragestellungen, die auftauchen können
- Autoritätsglauben
- mangelndes Selbstvertrauen usw.

Lösungen:

Den Lerninhalt zu verarbeiten stellt im Grunde unseren Mut auf die Probe, unsere Angst vor unabhängigem Lernen zu überwinden. Deshalb sind alle Aktivitäten, die unseren Willen zum Mut des Erkennens führen können, hier von größter Wichtigkeit. Man sollte dabei bedenken, daß alle drei Seelenkräfte – Denken, Fühlen, Wollen – bei der Verarbeitung beteiligt sein sollen, nicht nur die Denktätigkeit. Durch die Verarbeitungsprozesse soll man das Wesentliche finden und erleben können, anstatt lediglich Informationen zusammenzutragen. Unzählige Übungen stehen hier zur Verfügung:

- das Neue den früheren Erfahrungen gegenüberstellen
- das Umgekehrte von dem zu denken versuchen, was man aufgenommen hat
- konkrete Praxisbeispiele finden
- das Aufgenommene künstlerisch ausdrücken
- das Neue einschätzen, überprüfen, befragen
- etwas *denkend* verarbeiten, indem man es zu verstehen sucht; *fühlend*, indem man den Wahrheitssinn erweckt; *wollend,* indem man Dinge ausprobiert usw.

Zusammenfassend könnte man sagen, daß der lernende erwachsene Mensch in diesen drei ersten Lernprozessen übt, ein selbständig lernender Mensch zu werden. Der Erkenntnistrieb wird geweckt. Der Mensch lernt, die Welt in ungetrübter Beobachtung aufzunehmen, er lernt, sich persönlich mit dem Beobachteten zu verbinden, und verarbeitet das Aufgenommene in solcher Art, daß es im nächsten Schritt zum eigenen Besitz werden kann.

13.1.4. Absonderung – Individualisierung

Im allgemeinen kann man sagen, daß das ganz bewußte Vollziehen dieses Lernschritts ein inneres Abgrunderlebnis ist, auch Schwellenerlebnis genannt. Man geht immer durch ein Bodenloses, einen toten Punkt, wenn das Alte verschwindet und das Neue geboren wird. Diese Erschütterung vermeidet man gerne. Deshalb sind die Individualisierungsmomente mehr oder weniger unerwartete Durchbruchereignisse. Die Hauptbarriere ist die instinktive Flucht vor diesem Erlebnis. Viele Lernprozesse überspringen das Individualisierungsereignis und gehen damit am wahren Erwachsenenlernen vorbei.

Einige Hauptblockaden seien hier genannt:

Blockaden:

- Angst vor der Bodenlosigkeit (Schwelle)
- die weitverbreitete Auffassung, daß der Mensch nichts mit Sicherheit aus sich selbst wissen kann. Entweder muß man glauben (religiöse Autorität) oder der wissenschaftlichen Methode folgen (wissenschaftliche Autorität), auf die man sich verständigt hat, oder dem Urteil eines Experten (persönliche Autorität). In allen drei Fällen findet die Individualisierung des Lernprozesses nicht statt, und ein Scheinprozeß tritt an die Stelle.
- an eine Antwortkultur (Informationen) gewöhnt zu sein statt einer Fragekultur. Alles Lernen soll demnach wiederholbar oder nachahmbar sein. Prüfungen basieren oft auf diesem Prinzip. Damit wird aber das urindividuelle Moment ausgeschaltet, der Erkenntnistrieb kann nur schwer mit dem Entwicklungstrieb verbunden werden.
- Wenn man das Lernen, Erkennen, Sich-Entwickeln als einen kontinuierlichen Prozeß ansieht, dann bedeutet das auch eine ständige innere Unsicherheit, weil wir uns ständig verwandeln. Wenn das Ich das nicht ertragen kann und nicht erfährt, daß dies

die größte Kreativität fördert, ist der Prozeß der Individualisierung unseres Lernens blockiert.

– Sich verändern, sich entwickeln bedeutet auch eine regelrechte Konfrontation mit sich selbst. Viele Menschen versuchen dies zu vermeiden – eine mächtige Lernblockade entsteht dadurch.

Lösungen:

Wenn der Ausbilder Situationen herbeiführen kann, in denen der Lernende erfährt, daß durch seinen ureigensten, feurigen Ich-Willen eine neue innere Sicherheit entsteht – eine Aktivität, durch die alle Ängste und Unsicherheiten im Nichts verschwinden –, dann wird der sicherste Boden für die Erwachsenenbildung gelegt. Erkenntnistrieb und Entwicklungstrieb werden identisch, und zwar durch uns selbst herbeigeführt. Rezepte kann man dafür nicht geben, weil dieser Vorgang in jedem Menschen anders verläuft und tief mit unserem Schicksal verbunden ist. Alltägliches Lernen und Schicksalslernen verbinden sich in dem individualisierenden «Absonderungs»-Vorgang.

Hilfreich ist hier auch:

– die fortwährende Pflege einer Haltung, die wirkliche Fragen stellen und mit ihnen leben will, anstatt Informationen und Antworten zusammenzutragen und dadurch unser eigenes Suchen zu versperren

– höchsten Respekt vor dem individuellen Lernereignis zu zeigen

– den Abbau der alten «Inhalts»-Verehrung anzustreben; dann wird Wissen ein Mittel zum Lernen und zur Menschwerdung, wird nicht zum Selbstzweck.

13.1.5. Erhalten – Üben

Der Übergang vom «Durchbruchereignis» zum pflegenden, betreuenden, andachtsvollen Üben ist denkbar groß. Er verlangt eine innere Disziplin. Deshalb gibt es viele oft ganz verborgene Barrieren gegenüber dieser Lernaktivität. In alten Zeiten war regelmäßiges

Beten oder Meditieren ganz üblich, heute, bei unserem unruhigen, hektischen Lebensstil, ist es zu einer Lebensnotwendigkeit geworden. Viele Ausbilder klagen über die Unfähigkeit der Teilnehmer, genaues, regelmäßiges Üben durchzuführen; eine Willenslähmung macht sich bemerkbar. Das Ich muß lernen, in Rhythmen zu leben!

Blockaden:

- Einige Teilnehmer ertragen es nicht, eine *vorgeschriebene* Übung genau durchzuführen. Sie können nur üben, wenn die Übung an die *eigenen Gewohnheiten* angepaßt ist.
- Sie können keine Liebe zur Handlung aufbringen.
- Regelmäßige, rhythmische Tätigkeiten können sie nicht leisten.
- Ihr sofortiges Erfolgsbedürfnis erträgt das geduldige Abwarten nicht.
- Allgemeine Willenslähmung. Der Wille ist gelähmt durch den Widerstand, den man erlebt, wenn man in einem technischen Zeitalter übt und lebt.
- Schädigungen in der Jugend durch strenge Eltern oder aufgezwungene Schuldisziplin hindern die Teilnehmer. Das kann zu einer Aversion gegen das Üben überhaupt führen.
- Es mangelt an der Konzentration, die eine Übung verlangt. Wenn man schnell abgelenkt wird, ist das auch eine Lernblockade.

Lösungen:

Im allgemeinen kann man sagen, daß

- in der Erwachsenenbildung die Motivation zum Üben aus dem vierten Schritt, der Individualisierung, entspringen muß. Der neue Keim muß gepflegt werden, damit er erhalten werden kann.
- der Sinn der Übung – «warum, wozu, wofür» – so genau wie möglich erklärt werden muß;
- die Übung ein allgemeines geistiges Urbild haben muß, damit sie zu einer Fähigkeit wachsen kann.

Es ist besser, mit einfachen, übersichtlichen, kleinen, erreichbaren Schritten anzufangen, damit eine Übungskultur in der Erwachsenenbildung wieder entstehen kann. Es muß aber mit Liebe und Enthusiasmus gemacht werden.

In Kapitel 10 wurde schon über das Entwerfen und die Durchführung von Übungen gesprochen.

13.1.6. Das Wachsen neuer Fähigkeiten

Im allgemeinen kann man sagen, daß eingeübtes, automatisches Verhalten und trainierte, fixierte Denkschemata die stärksten Blokkaden sowohl für das Fähigkeitswachstum als auch die Kreativität bilden. In der zweiten Lebenshälfte wird dies noch verstärkt durch den Abbau der Lebenskräfte, die eine Art Sklerotisierung aufweisen können. Das zeigt sich im Älterwerden in der Abnahme der Lernfähigkeit für Neues.

Eine Antwort auf neue Fragen liegt darin, daß das Ich lernen muß, sich nicht mehr auf alte Talente zu stützen, damit Raum entsteht für das Wachsen neuer Fähigkeiten.

Blockaden:

– Die Gewohnheit, im *routinemäßigen* Vorgehen steckenzubleiben, verhindert die Metamorphose in neue Fähigkeiten.

– Ebenso schwächt die Sicherheit fixierter Vorstellungen und Urteile über «richtig» und «falsch» die Lebenskräfte.

– Unvermögen, Lernaktivitäten, sei es im Denken, Erleben oder Handeln, auszuwerten;

– die Ungeduld, die vorhergehenden Lernprozesse ruhig im Unbewußten reifen zu lassen.

– Unsere Kultur ist pragmatisch eingestellt und verlangt schnelle, nützliche Resultate. Das steht einem ruhigen Reifenlassen einer neuen Fähigkeit entgegen.

Lösungen:

Hierher gehören alle erzieherischen Mittel, die dazu beitragen, in uns den Verbesserungstrieb zu erwecken. Verbesserung erreicht man nicht durch endlose Wiederholung, sondern dadurch, daß man die gleiche Sache anders macht. Die endlosen Variationen in allen Lernaktivitäten lassen neue Fähigkeiten in uns reifen.

Alles, was beiträgt zur Verbesserung der *Auswertung* von Lernprozessen, beschleunigt und vertieft den Lernprozeß. Eine tägliche Lernprozeßrückschau mit Fragen wie: Was habe ich heute gelernt? Wie hat das stattgefunden? Was für neue Fragen ruft das bei mir hervor? würde sehr viel zum «Lernen zu lernen» beitragen.

Die langjährigen Ausbildungen könnte man dadurch beträchtlich verkürzen. Wie beim fünften Schritt (dem Üben) der Ausbilder Motivierung, Erklärung und Ziel der Übungen beachten muß, so muß der Teilnehmer hier durch die regelmäßige Auswertung seinen Lernprozeß verstärken und begleiten lernen.

13.1.7. Der «schaffende» Lernprozeß

Etwas schaffen hat immer Tatcharakter. Es ist ein Sprung ins Ungewisse und initiiert etwas in der Welt, das vorher nicht da war. Der durch das Ich geweckte, initiierende Wille wird hier beansprucht. Erwachsenenbildung ist Willenserweckung, und alles, was sich diesem initiativen Willen entgegenstellt, ist in diesem Sinne eine Lernblockade. Zum Beispiel muß das Ich lernen, seine innere Welt zu verwandeln, um in der äußeren Welt kreativ zu sein.

Blockaden:

- perfekt sein wollen
- Angst, Fehler zu machen
- nur vorhersagbare Handlungen vollziehen wollen
- mangelndes Selbstvertrauen
- Verhärtung der Lebenskräfte
- kein Risiko eingehen wollen
- Angst vor den Folgen der «schöpferischen» Handlung.

Lösungen:

Ein schöpferischer Mensch zu werden liegt in jedem Menschen als

162

Möglichkeit, ist sogar Ziel aller Lernprozesse. Kreativität äußert sich im Handeln, hat seinen Ursprung aber in der menschlichen Mitte, im fühlenden Herzen. Hier werden alle sechs Lernprozesse durch den letzten zu einer höheren Einheit zusammengefaßt. Der lernende Mensch wird durch die Erweckung des Erkenntnistriebes, des Entwicklungstriebes, des Verbesserungstriebes zu einem schöpferischen Menschen. Und das eröffnet Zukunft.

Wie man da praktisch vorgeht, ist schwer anzugeben, weil es alle vorhergehenden Aktivitäten zum Erscheinen bringt. Die folgenden Hinweise haben sich aber als hilfreich erwiesen:

1. Unterziehe dich selbst einem einfachen Lernprozeß!

2. Beobachte dabei genau die sieben Schritte, und werte sie aus!

3. Notiere dann sorgfältig die größten Blockaden!

4. Entwirf daraus einen realistischen Plan zur Verbesserung!

5. Wähle die besten Übungen dafür aus!

6. Führe sie regelmäßig durch!

7. Freue dich an dem ständigen Wachsen deiner Lernfähigkeit!

Die Hilfe eines (guten) Ausbilders dabei in Anspruch zu nehmen könnte ganz vernünftig sein.

Eine Hilfe für das Erkennen unserer Stärken und Schwächen – nachdem man das oben Angegebene genau studiert hat – liegt darin, sie zu bewerten, indem man ihnen eine Zahl zwischen 1 und 7 zuordnet. 7 ist der Lernprozeß, bei dem ich am besten bin, 1 derjenige, wo ich am schwächsten bin; die anderen liegen dazwischen. Dies verschafft mir einen Überblick und lehrt mich, daß bei einer Verbesserung des schwächsten Lernprozesses ich auch die anderen stärke.

In einem Institut für Heilpädagogik wurde eine Modellübung unter Anwendung der sieben Lernprozesse sorgfältig durchgearbeitet. Eine Diagnose der Lernfähigkeiten der Teilnehmer erfolgte durch das Notieren ihrer Stärken und Schwächen, die unterwegs entdeckt wurden.

Diese Diagnose läßt sich in einen methodischen Schulungsweg überführen, um unser Lernpotential zu erhöhen.

13.2. Lerntagebuch

Die Anwendung dieser Lernmethode begann zusammen mit Aus-bildern, die ihre didaktischen Fähigkeiten verbessern wollten. Dazu machten sie sich nach jeder Darstellung Notizen davon, was alles gut ging und warum, und davon, was alles nicht so gut war und warum. Dabei machte man bald zwei wichtige Entdeckungen:

1. daß dieses Zurückschauen, das Abstandnehmen eine erstaun-liche Menge bisher verborgener Elemente entdecken ließ

2. daß man während seines Berufslebens eine Unmenge an Lern-möglichkeiten verpaßt hat, weil dieses Lernen aus dem Rück-blick vernachlässigt wurde.

Diese beiden Erfahrungen führten dann dazu, eine Methode, das «Lernen zu lernen», daraus zu entwickeln. Zuerst wurde sie in einem Seminar für Ausbilder ausprobiert und bald als Methode für jeden Teilnehmer eingeführt. Ziel ist dabei, den eigenen Lern-prozeß zu entdecken und zu fördern.

Für die Teilnehmer wird am Ende des Tages eine Zeit eingeräumt, in der sie auf ihren eigenen Lernprozeß zurückschauen und die wichtigsten Lernereignisse in ihrem Tagebuch notieren können.

– Am Anfang handelt es sich meist nur um das Entdecken und Notieren der «Aha»-Erlebnisse und ist auf den dargebotenen durchgemachten Lernprozeß gerichtet. Dadurch findet schon eine wesentliche Bereicherung und Vertiefung statt. Man ent-deckt dann auch, von wie vielen scheinbar zufälligen Faktoren dieses «Aha»-Erlebnis abhängt, wem und was man begegnet ist, was nacheinander passiert ist, was man aufnimmt, was nicht. Eine erste Ahnung von Schicksalslernen findet statt.

– Bald aber wird der Prozeß sehr vertieft, wenn man sich nicht nur das Gelernte aufschreibt und es damit festhält, sondern unter-sucht, *wie* das Lernereignis stattgefunden hat. Die äußere Be-trachtung geht dann allmählich über in die Selbstbetrachtung. Man fragt nicht nur: *Was* habe ich gelernt, sondern: *Wie* habe ich das gelernt, wer bin ich als Lernender?

Hat man dann vorher einige Male eine siebengliedrige Lerndiagnose gemacht, wie im vorherigen Abschnitt beschrieben, dann ergibt sich ein Leitfaden, mit dem man diesen halb unbewußten Lernprozeß gründlicher untersuchen kann.

Man kann nicht umhin, alle begleitenden Gefühle, die bei diesem «Wie» aufgetreten sind, in diesen zweiten Abschnitt mit hineinzunehmen. Sie erweisen sich oft als wichtige Angaben darüber, *wie* das Lernen in mir stattgefunden hat. Ein Stück Selbsterkenntnis wird dem normalen Lernen hinzugefügt.

– Das Tagebuchschreiben kann aber noch zu einem dritten Element führen, wenn man jetzt die Konsequenzen der beiden ersten Vorgänge untersucht. Das Lernen, das Sich-selbst-Kennenlernen kann eine neue Frage hervorrufen, die man sich dann schnell notieren muß. Es kann sich aber auch demzufolge eine Entscheidung zeigen. Jeder Lernvorgang führt zu etwas hin, hat Konsequenzen, verlangt einen nächsten Schritt. Um diesen dritten Schritt nicht oberflächlich verlaufen zu lassen, bedarf es allerdings einer gewissen Anstrengung, wie der zweite einer gewissen Ehrlichkeit und der erste einer gewissen Aufmerksamkeit bedarf.

Eine negative Begleiterscheinung dieser Methode ist zum Beispiel die Gefahr der Überintellektualisierung. Man schreibt sich schnell lange Listen von Lernmomenten auf. Es ist besser, nur eines oder zwei der wichtigsten auszuwählen und dabei gründlich der Frage nachzugehen, ob es wirklich neues Lernen war. Vertieftes Verständnis für etwas, das man schon weiß, ist auch etwas Neues; es kann auch qualitativ ein neues Erleben sein.

Eine zweite Gefahr ist, daß man die aufkommenden Gefühle und Erlebnisse im zweiten Schritt nach außen projiziert, anstatt sie als eigenen Besitz objektiv anzuschauen. Deshalb ist es auch besser, dieses Tagebuchverfahren nur kurz zu machen; jeden Tag 15 bis 20 Minuten genügen. Es soll keine ausführliche Darstellung werden von dem, was man heute alles erlebt hat, sondern ein kurzer «Lerne zu lernen»-Akt sein. Als solcher ist dann auch das Führen eines solchen Lerntagebuchs eine Übung für sich und muß gelernt werden. Am Anfang ist es wünschenswert, dafür einen Platz und Zeit im Programm einzuräumen. Die Übung ist gut vorzubereiten, weil beim Teilnehmer der Übergang zu einer Betrachtung des eigenen Lernprozesses ziemlich schwierig ist. Wenn es machbar ist – und im vornherein schon vorgesehen war –, können die Erfahrungen dann gemeinsam ausgetauscht werden. Viele Teilnehmer bevorzugen es, wenn sie sich einmal daran gewöhnt haben, dieses Tagebuch für sich selbst zu Hause zu schreiben, was zum Selbständigwerden beiträgt.

Ein sehr positives Erlebnis ist, daß durch das Tagebuchschreiben das «Lernen zu lernen» maßgeblich gesteigert wird und die Verantwortung für den eigenen Lernprozeß wächst. Es ist sehr zu empfehlen, daß der Ausbilder selbst die Übung mitmacht und gegebenenfalls Beispiele daraus bringt. Einige Ausbilder begleiten diese drei Schritte mit drei Fragestellungen:

1. *Was* ist das Wichtigste, was ich heute als Neues gelernt habe?

2. *Wie* ist dieser Lernvorgang in mir verlaufen?

3. Was für eine neue *Frage* oder was für ein neues *Vorhaben* wird dadurch in mir aufgerufen?

14.
Über die Urteilsbildung

Als eines der Hauptziele einer modernen Erwachsenenbildung wurde am Anfang unter anderem die selbständige Urteilsbildung erwähnt. Aus der Überbetonung der Intellektualität heraus wird darunter meist nur die kognitive Urteilsbildung verstanden. Man übersieht hierbei, daß die ästhetische und die moralische Urteilsbildung mindestens so wesentlich sind wie der kognitive Urteilsprozeß. Deshalb ist es bei der Erwachsenenbildung von größter Wichtigkeit, daß alle drei gleichzeitig und im Gleichgewicht entwickelt werden. Die Selbständigkeit der Urteilsbildung wird dadurch wesentlich erhöht.

Was haben die drei gemein, und was unterscheidet sie?

Die drei Urteilsprozesse werden aus psychologischer Sicht genau beschrieben in F. W. Zeylmans van Emmichovens Buch *Die menschliche Seele*.[11] In unserer Betrachtung werden sie nur kurz zusammengefaßt. Urteilen ist eine unterscheidende und erkennende Tätigkeit. Die *erlebende* Seele hat ihren Ursprung im Willensleben und ist im Fühlen ein Endprodukt. Die *urteilende* Seele hingegen findet im Gefühlsleben ihren Anfang und in der urteilenden Entscheidung ihren Abschluß. Im Erleben tastet das Gefühl nach innen, im Urteilen tastet das Gefühl nach außen.

14.1. Kognitive Urteilsbildung

Um zu einem klaren Urteil zu kommen, muß sich die erlebende Seele so weit wie möglich «auslöschen» und ihre Existenz aufgeben, damit sich die Wahrheit der Erscheinung aussprechen kann. Ich und Sinneswelt stehen sich dann ungestört gegenüber. Das

Wahrheitskriterium ist das höchste. Im Lernprozeß stellt hier die Denkbarriere das Problem dar; sie kann überwunden werden mit Hilfe des Lernweges.

14.2. Ästhetische Urteilsbildung

Um auf dem ästhetischen Gebiet zu einem klaren Urteil zu kommen, braucht man gerade sowohl die erlebende Seele als auch die urteilende Seele, wobei das Gleichgewicht von beiden die ästhetische Urteilsbildung schafft. Da diese sich abspielt an der Grenze von Seele und Sinneswelt, ist sie als ein kontinuierlicher Prozeß anzusehen. Ästhetisches Urteilen ist ein Weben zwischen Innen- und Außenwelt. Wenn die erlebende Seele sich an dieser Grenze nicht zurückhalten kann und das Wunschleben zu stark ist, wird das ästhetische Urteil beeinträchtigt. Wenn die kühle, kognitive Urteilsbildung zu stark wird, wird das Schönheitserleben abgetötet. Man kann diese ästhetische Urteilsbildung auch als einen fortwährenden Begegnungsvorgang zwischen Mensch und Welt, Mensch und Mitmensch ansehen. Die ästhetische Befriedigung ist hier das Maßgebende. Im Lernprozeß spielt die größte Rolle die Gefühlsbarriere; sie kann durch den Lernweg verwandelt werden.

14.3. Moralische Urteilsbildung

Die moralische Urteilsbildung ist psychologisch gesehen ein Gegensatz zu der kognitiven Urteilsbildung. Die urteilende Seele muß ihre äußere Wahrheitssuche aufgeben, um selbständig die innere moralische Wahrheit finden zu können. Die erlebende Seele wird dann zu einer innerlich mitteilenden Seele; die Welt kapituliert vor der inneren geistigen Wahrheit. Im Lernprozeß ist hier die Willensbarriere der Gegner; deren Überwindung ist der Lernweg zur moralischen Urteilsbildung.

Bei der Erwachsenenbildung hat sich immer wieder gezeigt, daß die Einbeziehung aller drei Fähigkeiten die Selbständigkeit der

Urteilsbildung stark fördert und daß umgekehrt die einseitige Betonung einer der drei Fähigkeiten ungesunde Nebenerscheinungen hervorruft. Auch kann man feststellen, daß die drei einander unterstützen. Viele Menschen, die Wahrheit suchen, entdecken, was sie alles durch künstlerische Betätigung finden können. Künstler erleben, wie eine Haltung des Fragens und Forschens ihr Kunsterleben vertiefen kann. Darüber hinaus hat bei der Erwachsenenbildung jeder Lernvorgang eine verstehende, erlebende und auch eine sinngebende Komponente; keine der drei darf vernachlässigt werden. Ein didaktisches Vorgehen, bei dem die selbständige Urteilsfähigkeit so in dreifacher Art angeregt wird, kann zum Katalysator des Lernprozesses werden. Insbesondere beim «Lernen zu lernen» soll dafür viel Platz eingeräumt werden.

Der Wissenschaftler strebt an, die Wirklichkeit hinter den Erscheinungen zu erforschen; der Künstler versucht, diese Wirklichkeit diesseits künstlerisch zum Ausdruck zu bringen. Hier zeigt sich schon, wie dringend notwendig die Ehe zwischen Wissenschaftlichem und Künstlerischem ist. Keine echte Geistesforschung ohne künstlerisches Vorgehen, keine neue Kunst ohne Geistesforschung.

Die strenge Scheidung der beiden, die auch in den Ausbildungsstätten besteht, hat schon lang genug angedauert. Sowohl Wissenschaft wie Kunst wurden dadurch in ihrer Entwicklung ernsthaft beeinträchtigt. Wo diese Trennung in der Ausbildung aufrechterhalten wird, werden die Teilnehmer in einseitiger Weise geprägt, und die Veranlagung zur späteren Berufsdeformation findet hier schon statt.

In einem Zeitalter, in dem die Technologie uns maßgeblich bestimmt, ist dies eine unbedingte Notwendigkeit. Der «verkopfte» Wissenschaftler und der weltfremd veranlagte Künstler – diese einseitigen Ausprägungen könnten schon von Beginn der Ausbildung an geheilt werden.

Der Beitrag der Kunst in unserer Kultur, während die Menschheit die Schwelle zur Erkenntnis des Übersinnlichen überschreitet, wird sich künftig sehr vielgestaltig zeigen und in allen Aspekten des Lebens eine Rolle spielen. Schon jetzt kennt man:

- Kunst als Therapie
- die soziale Kunst, zwar nicht als Anwendung, jedoch als ein Kunstgebiet mit eigener Daseinsberechtigung
- Kunst als Förderung von Lernprozessen
- Künstlerisches als Kulturhygiene
- Kunst in der beruflichen Arbeit

usw.

14.4. Didaktisches

Bei vielen Kursen haben die Ausbilder entdeckt, welche Möglichkeiten darin liegen, zusammen ein Bild zu malen, zusammen ein Gedicht zu machen, ein Drama zu schreiben, zu modellieren, musikalisch zu improvisieren oder Gebäude zu entwerfen. Es sind Versuche, die gemeinsamen Schicksalskräfte der Teilnehmer am Schaffen des Kunstwerkes zu beteiligen. Beim Lernprozeß geht es nicht darum, ein Kunstwerk zu schaffen, sondern darum, schöpferische Kräfte in der Seele des Übenden und Betrachtenden zu wecken.

15.
Der Ausbilder, seine Ausbildung
und sein Weg

Die Hauptaufgabe der Erwachsenenbildung ist, den Willen zum Lernen wachzurufen. Die Grundfrage des Ausbilders muß daher sein: Wie erweckt man bei anderen den Willen?

Willenserweckung bedeutet das Erwecken der *drei Triebe* in uns. Diese Triebe sind immer da, aber sie schlafen. Nur unser Ich kann sie wecken.

Man kann nicht etwas von außen erwecken, erst recht nicht den Willen. Man kann nur eine Gelegenheit schaffen, eine Anregung geben, eine Herausforderung, die es möglich macht, daß eine Art Selbsterweckung stattfinden kann. Diese Möglichkeit zu schaffen ist eine Hauptaufgabe des Ausbilders. Letztlich aber muß der Lernende seinen Willen durch eigene innere Aktivität wachrufen. Selbsterweckung läßt sich auch als «Lernen zu lernen» bezeichnen. Die eigentliche Aufgabe des Ausbilders ist also, erwachsenen Menschen die Fähigkeit des Selbstlernens zu vermitteln.

Was für Fähigkeiten soll denn dann der Ausbilder haben? Um sie erkennen und entwickeln zu können, muß er einen Entdeckungsweg, besser gesagt einen Forschungsweg, gehen.

15.1. Das Lernereignis

Der Anfang dieses Weges ist, daß der Ausbilder jedesmal, wenn ihm eine Einsicht aufgeht, wenn ein wichtiges Erlebnis stattfindet oder er etwas Fruchtbares tut, sich bewußt fragt: «Was habe ich da gelernt?» Hat er die Antwort gefunden, versucht er sie zu formulieren, damit sie nicht verlorengeht; er hält also eine Art Lernrückschau. Dann hat er erst die Grundlage, um zu erforschen, welchen Weg er gegangen ist, um zu diesem Lernereignis zu kommen.

15.2. Der Lernweg

Dieser Weg ist oft verborgen, ist ein geheimnisvoller Vorgang. Eine Beobachtung, ein Gespräch, ein Buch, ein Spaziergang, ja ein Unfall, eine Krankheit können dazu beigetragen haben. Der Lernweg hat eine Biographie, und diese Biographie muß jetzt verstanden werden. Das biographische Erforschen des eigenen Lernwegs fördert bei dem Ausbilder die Fähigkeit, in anderen das «Lernen zu lernen» zu erwecken. Es ist also notwendig, sich zuerst über das *Lernereignis* klarzuwerden und dann den eigenen Lernweg kennenzulernen. Dies muß dann in die Praxis, in verschiedene Unterrichtsformen umgesetzt werden.

15.3. Das Schaffen einer Lernsituation

Jetzt muß diese Selbstuntersuchung für andere fruchtbar gemacht werden. In der Lernbiographie entdeckt man gewisse gesetzmäßige Grundelemente, die eine Menge Erfahrungen zu einer Fähigkeit umgeschmiedet haben. Diese Grundelemente sind jetzt das Material, mit dem oft – sehr vereinfacht – Lernsituationen geschaffen werden können. Der Kern der langen, mühseligen Lernbiographie des Ausbilders wird für andere zu einer konkreten Lernmöglichkeit, die man einsetzen kann.

So sind viele Übungen entstanden, die oft sehr einfach sind, aber eine starke Wirkung haben, weil sie aus vielen Erfahrungen verdichtet sind. Viele Vorträge sind Wissensvermittlung der Dozenten, die sich nicht die Mühe gemacht haben, die drei Schritte zu vollziehen und sich zu fragen:

- Wie und was war mein Lernmoment?
- Welchen Lernweg bin ich gegangen, damit sich dies ereignet?
- Wie kann das Wesentliche dieses Weges für andere fruchtbar werden?

Wenn man diesen Weg geht, werden die Vorträge einen anderen Charakter bekommen – weniger inhaltsvermittelnd, stärker willenserweckend. Letzteres ist aber das Ziel des Ausbilders, das er nur erreicht, wenn er diesen Forschungsweg geht. Dadurch wird er erst zum Ausbilder. Die vielen ausgezeichneten Künstler, Wissenschaftler und Spezialisten werden nur Ausbilder, wenn sie den eigenen Werdegang zum Instrument für andere gemacht haben. Auch der Erkenntnistrieb, der Entwicklungstrieb und der Verbesserungstrieb müssen natürlich fortwährend wachgerufen werden, sonst kann man sie bei anderen nicht erwecken.

Die vielen Einzelübungen, die dazu beitragen, daß diese Schritte zu einer Fähigkeit führen, seien hier nicht aufgezählt. Je nach Möglichkeiten und Bedarf kann man sie bestimmt auch selbst finden.

15.4. Zusammenarbeit der Ausbilder

In diesem Buch wurde versucht, deutlich zu machen, daß eine produktive und schöpferische Zusammenarbeit innerhalb einer Ausbildergruppe die Bedingung ist für das Entwerfen und Ausführen eines Lehrganges. Meistens aber sind die persönlichen Vorbedingungen dazu nicht ausreichend, weil ihre Fähigkeiten aus grundverschiedenen Fachausbildungen und unterschiedlichen Berufen hervorgehen. Ein Ausbilder muß daher auch die Zusammenarbeit mit Kollegen, die alle ganz verschieden sind, lernen. Über Zusammenarbeit in Gruppen ist schon viel geschrieben worden, deshalb wird das hier nicht ausführlich dargestellt. Nur was spezifisch ist für ein Kollegium von Ausbildern, soll hervorgehoben werden.

- Ein guter Ausbilder liebt sein Fach, aber liebt er es vielleicht stärker als seine Aufgabe der Ausbildung? Hier liegt dann der Grund für viele innere und äußere Konflikte in Unterrichtssituationen. Eine echte Zusammenarbeit zwischen Kollegen ist nur möglich, wenn die Lernteilnehmer im Mittelpunkt stehen und das verbindende, maßgebende Element sind. Das bedeutet für viele Spezialisten ein oft schmerzliches Opfer, ihr so sehr geliebtes Unterrichtsfach als etwas anzusehen, das dem Entwicklungs- und Lernprozeß des erwachsenen Mitmenschen dient. Wenn es gelingt, diese Haltung einzunehmen, entdeckt man, daß die anderen Fächer auch dienend sind und erst alle Kollegen zusammen dem ganzen Menschen dienen können. Das heißt jedoch nicht, daß es nicht nötig wäre, regelmäßig für eine gewisse Zeit die Ausbildungssituation zu verlassen, um sich wieder ganz dem eigenen Fach zu widmen.

– Aus der schöpferischen Zusammenarbeit der Ausbilder kann etwas ganz Wichtiges entstehen, nämlich die Vertiefung des Berufs des Ausbilders als solchen. In diesem Buch wird versucht, den Ausbilder für Erwachsene als Berufsbild mit eigener Berechtigung anzusehen, als etwas, das eine große Zukunft hat, weil die Menschheit ein immer stärkeres Bedürfnis nach Erwachsenenbildung haben wird. Die drei Lernwege (siehe Kapitel 3) weisen schon in diese Zukunft. Jean Piaget erklärte bereits Anfang dieses Jahrhunderts, daß Erziehung eine «éducation permanente» ist, die erst mit dem Tode aufhört. Weil die Fachdisziplinen so verschieden sind, liegt die Möglichkeit vor, durch Zusammenarbeit unter Kollegen seine Einseitigkeit zu überwinden und die didaktischen Möglichkeiten der anderen Fächer zu entdecken. Zusammenarbeit wird dann eine Möglichkeit zur persönlichen Entwicklung.

– Jeder Ausbilder unterliegt der Gefahr, nicht nur fachblind zu werden, sondern auch einen festgefahrenen Unterrichtsstil zu bekommen. Das beste Mittel, um aus diesem Gefängnis auszubrechen, ist die Unterstützung durch vertrauenswürdige Kollegen. Diese können ihm wichtige Hinweise geben. Damit wird Zusammenarbeit zu einer gegenseitigen fortwährenden Ausbildung. Ich muß bekennen, daß ich auf meinem Entwicklungsweg hauptsächlich von Kollegen und Teilnehmern angeregt und geführt wurde.

– Ein weiteres Element der Zusammenarbeit unter Kollegen liegt in der gemeinsamen Forschung. Erwachsenenbildung als Ausbildungsfach ist jung und steht erst am Anfang. Es gibt noch Unzähliges zu entdecken, was beim Erwachsenenlernen eigentlich geschieht. Über Kinder wissen wir schon viel, gerade durch die sich entwickelnde Waldorfpädagogik. Vom Erwachsenenlernen aber wissen wir sehr wenig. Es gibt noch viele Lernmethoden, Lernelemente, Lernmittel zu finden, Unzähliges an didaktischen Verfahren. Man muß immer mehr erforschen, was beim heutigen erwachsenen Menschen innerlich in seiner Schwellensituation vorgeht. Es ist notwendig, die Bedürfnisse zu erkennen und die geeigneten Antworten zu finden. Da diese Menschheitsverwandlung fortwährend weitergeht, ist jede Antwort bald veraltet. Viele Ausbildungsinstitute hinken nach, stützen sich auf Lernmodelle der vorletzten Generation. Die einzige Lösung ist, daß das Ausbilderkollegium fortwährend forscht und sich weiterentwickelt und dadurch unsere Erziehungseinrichtungen ständig erneuert.

Der Beruf des Ausbilders verlangt daher, daß der in der Erwachsenenbildung Tätige sowohl ein Willenserwecker für seine Kursteilnehmer wird als auch ein Forscher, der mit anderen Kollegen zusammenarbeitet.

Im folgenden Kapitel wird über das hygienische Element in der Erwachsenenbildung noch einiges angegeben; «helfende Gespräche» mit Teilnehmern zu führen scheint unter diesem Gesichtspunkt eines der wesentlichen Elemente zu sein.

16.
Das hygienische Element in der Erwachsenenbildung

Es ist eine weitverbreitete Auffassung, daß im Ausbildungswesen unterrichtet und gelernt werde und das persönliche Element der Studenten, ihr geistiges, seelisches und körperliches Wohlbefinden, ihre eigene Angelegenheit sei. Der Ausbilder solle die Studenten ganz freilassen, denn das alles stehe unter ihrer eigenen Verantwortung und gehöre nicht zur Mitverantwortung des Ausbilders.

Dem muß erwidert werden – wie es an vielen Stellen in dieser Schrift angedeutet wurde –, daß erstens viele Teilnehmer schon kultur-, umwelt- oder erziehungsgeschädigt in die Ausbildung oder einen Kurs eintreten, zweitens, daß während eines ernsthaften, effektiven Lernprozesses viele schlummernde und unverdaute Seelenprobleme an die Oberfläche kommen, drittens, daß der Unterricht selbst einseitig, schädigend und zerstörend wirken kann, und viertens, daß in unserer Zeit alle Menschen in einer mehr oder weniger bewußten oder unbewußten Schwellensituation stehen, in der Sinnliches und Übersinnliches wirr durcheinanderspielen.

Die alte Auffassung ist also nicht mehr haltbar; die Lernsituation verlangt vielmehr eine persönliche Begleitung und Mitverantwortung. Wovon hier gesprochen werden soll, sind normale hygienische Elemente, keine extremen Situationen, die psychotherapeutische Behandlung erfordern und Spezialisten überlassen werden müssen.

Wie soll aber dieses hygienische Element in der Ausbildung betreut werden?

16.1. Hygienisches im Unterricht

In allen Lernvorgängen und Programmen muß fortwährend ein Ganzheits- und Gleichgewichtselement angestrebt werden. Der ganze Mensch muß angesprochen sein, denn alles Einseitige, Überbetonte, Routinemäßige wirkt schädigend. Ganz wichtig für die Hygiene ist rhythmisches Vorgehen, denn darin liegt eine der wichtigsten Kräfte der Heilung von Mensch und Gesellschaft. Werden die Teilnehmer damit vertraut, wenden es während ihres Lernprozesses an und lernen, damit umzugehen, dann ist schon vieles erreicht.

Viel mehr braucht darüber an dieser Stelle nicht gesagt zu werden, denn die vorliegende Schrift enthält schon insgesamt viele Angaben über das Ganzheits-, Gleichgewichts- und rhythmische Bestreben; schon der siebengliedrige Lernprozeß an sich kann ein heilender Vorgang werden.

16.2. Persönliche Unterstützung

In vielen Ausbildungsstätten versucht man, dazu sogenannte «helfende Gespräche» anzubieten. Dabei ist mit einem Gespräch zwischen Ausbilder und Teilnehmer keine Therapie gemeint, keine Behandlung und bestimmt kein abhängiges, unselbständiges Verhältnis zwischen dem erwachsenen Teilnehmer und einem der Ausbilder. Die beiden stehen sich als erwachsene, selbständige Menschen gegenüber, die einander beraten in einer Art, die hilfreich und unterstützend ist und Verständnis anstrebt – deshalb nennt man es das «helfende Gespräch». In fast allen Ausbildungsstätten hört man von Studenten, daß es schwierig sei, jemanden zu finden, mit dem man ein Gespräch führen könne über persönliche Erlebnisse oder über Fragen, die einen innerlich bewegen und die scheinbar mit dem Unterricht nicht viel zu tun haben. Die Ausbilder sind oft überlastet, haben keine Zeit und sind mit ganz anderen Dingen beschäftigt. Die wichtigsten inneren Geschehnisse der Teilnehmer werden oft nicht genügend beachtet und leben sich dann irgendwo anders verheerend aus.

Das Ziel dieser Gesprächshygiene kann man leicht darstellen, die Praxis aber zeigt, daß sowohl der Ausbilder als auch der Teilnehmer diese Gesprächskunst nicht von vornherein beherrschen. Die Kunst des «helfenden Gespräches» muß ausgebildet werden und sollte daher zur Berufsausrüstung der Ausbilder gehören. Ein Vorteil, wenn man diese Kunst entwickelt, liegt darin, daß man sich selbst dabei viel besser kennenlernt; schnell entdeckt man, daß man sich beim Gesprächsablauf selbst im Wege steht und den anderen unwissentlich beeinflußt.

Mit «helfend» ist nicht gemeint, daß die Gespräche oberflächlich sind – im Gegenteil. Sie können sehr tiefgehend und innerlich bewegt sein, aber es bleibt ein gemeinsam forschender Vorgang mit völliger Beibehaltung der persönlichen Selbständigkeit und Verantwortung.

Es gibt bereits Seminare darüber, wie man ein «helfendes Gespräch» leiten kann; viele Ansätze werden hier vermittelt, die man selbst weiterentwickeln muß.

Weil die Probleme oft mit auftretenden «Schwellen»-Phänomenen oder inneren Krisensituationen verknüpft sind, ist es ein wichtiger Bestandteil der Gespräche, daß man diese Phänomene kennt und Erfahrungen darüber hat. Der Ausbilder sollte deshalb die geisteswissenschaftliche Literatur in dieser Hinsicht so gründlich wie möglich verarbeitet haben. Helfende Gespräche sind somit ein unerläßlicher Bestandteil in der Hygiene des Lernprozesses.

16.3. Seelen- und Arbeitshygiene der Ausbilder

Ein guter Ausbilder beschäftigt sich in seinem Beruf hauptsächlich mit anderen (auszubildenden) Menschen. Sein ganzes Denken, Fühlen und Handeln wird von den Teilnehmern und den Kollegen herausgefordert. Er wird dadurch ständig nach außen gezogen, seine Aufmerksamkeit richtet sich immer nach außen. In der Folge davon entsteht die Gefahr, daß sein eigenes Innenleben zuwenig gepflegt wird und nicht genügend Nahrung erhält. Eine innere Leere entsteht und schafft auf die Dauer eine unhygienische Situation, die die Lebenskräfte aufzehrt; man fühlt sich ausgebrannt.

Deshalb muß der Ausbilder für sich selbst auch gewisse seelische hygienische Maßregeln treffen: regelmäßig mit sich allein sein, seine Einsamkeitssituationen ertragen lernen, wobei nicht alle endlosen Probleme der Teilnehmer in ihm nachklingen dürfen. Oft wird der Ausbilder zu einem «Workoholic», weil er die Selbstkonfrontation in seinen einsamen Augenblicken schwer erträgt. Vergessen wir nicht, daß in diesem Beruf vieles auf den Ausbilder abgewälzt wird, was er zu verdauen hat. Die persönliche Arbeitshygiene des Ausbilderberufes verlangt deshalb nach rhythmisch geplanten Momenten, in denen man völlig abschaltet, sich wieder erholt und die verbrauchten Lebenskräfte wiederherstellt. Wie man das macht und wie häufig, ist individuell sehr verschieden. Es muß aber von Anfang an getan werden.

Diese ruhigen Momente können aber auch dazu dienen, durch die eigene Erfahrung immer mehr zu verstehen von der aktuellen Schwellensituation. Diese Selbsterforschung ist eine gute Schulung, um den Teilnehmern informierend, ratend und hilfreich zur Seite stehen zu können. Eine rhythmisch verlaufende Innen-Außen-Betätigung ist notwendig für die Hygiene dieses Berufes.

Der Aspekt einer hygienischen Gestaltung der Umgebung wird hier nicht weiter ausgearbeitet, weil es schon viel Literatur darüber gibt. Die Ausgestaltung der Unterrichtsräume (Farbe, Form, Dekoration) hat natürlich einen Einfluß, obwohl dieser nicht so stark ist wie bei heranwachsenden Kindern. Lärm und störende Geräusche lenken ebenfalls ab; andererseits hat sich der moderne Mensch schon so stark an Geräusche gewöhnt, daß völlige Stille beängstigend wirken kann.

17.
Beispiele von Anwendungen

17.1. Die Lerngruppe

Ein Versuch, die ersten vier Schritte des siebenfachen Lernprozesses durch Gruppenarbeit zu vertiefen, wird in verschiedenen Ausbildungsinstituten schon mit Erfolg praktiziert. Es ist nicht allzu schwer, ihn einzuführen, obwohl die Betreuung des Gruppenprozesses einige Erfahrung verlangt.

– Die Teilnehmerschaft wird in Gruppen von fünf bis acht Personen mit je einem Betreuer aufgeteilt.

– Man hört sich ein Referat an und kommt nachher zusammen, um das Gehörte zu verarbeiten. Dies verläuft in vier Schritten, die im wesentlichen den ersten vier Schritten des Lernprozesses folgen. Die Übung kann jeden Tag nach dem Vortrag gemacht werden, wobei man immer einen Schritt hinzufügt, soweit die Zeit das zuläßt. Es gelingt meistens am dritten oder vierten Tag, alle vier Schritte nacheinander zu vollziehen. Die Schritte kann man auf folgende Art beschreiben:

Erster Tag (Schritt 1):
Was hat er gesagt?
Was haben wir gehört?
Die *Gruppe* baut gemeinsam die Darstellung wieder auf (ohne Eigenes hinzuzufügen; *Ein- und Ausatmungsprozeß).*

Zweiter Tag (Schritt 1 und 2):
Was waren *für mich* die wesentlichen Lernmomente (ein oder zwei auswählen), und wie habe ich sie erlebt?

(Am Thema erwärmen, sich verbinden.)
Die Gruppe tauscht diese Lernmomente und Gefühlserlebnisse aus, ohne sie zu diskutieren.

Dritter Tag (Schritt 1, 2 und 3):
Die wesentlichen Punkte werden jetzt *bearbeitet, vertieft, verglichen, bewertet.* Die Gruppe versucht, das Wesentliche vom Unwesentlichen zu unterscheiden, und geht dabei in eine rege Diskussion *(Assimilations- und Verdauungsprozeß).*

Vierter Tag (Schritt 1 bis 4):
Was für *neue* Fragen, Gedanken, Empfindungen oder Intentionen erweckt der Prozeß *in mir?* (Fünf Minuten Stille; dann schreibt jeder auf, was er entdeckt hat.)
In der Gruppe werden die neuen Fragen ausgetauscht, wieder ohne zu bewerten oder zu diskutieren *(Absonderung oder Individualisierung des Lernprozesses).*

Jeder Lernschritt wird erklärt, bevor man ihn anwendet.

Beim ersten Schritt kann der Gruppenbetreuer bewußtmachen, daß dieses gemeinsame Wiederholen den ganzen gehörten Inhalt bereichert und vertieft. Ein Nebeneffekt ist, daß man am nächsten Tag schon besser zuhört, daß weniger verlorengeht. Auch die Disziplin, Urteile und Reaktionen während des Aufnehmens zurückzuhalten, ist außerordentlich wichtig.

Beim zweiten Schritt sollte man beachten, daß er ein viel persönlicheres und subjektiveres Element mit sich bringt. Jeder hat die Situation ganz anders erlebt, und man merkt, wie der Vortragsinhalt sich mit früher Erlebtem verbindet. Als Nebeneffekt stellt sich oft ein Stück Selbsterkenntnis ein.

Beim dritten Schritt kommt man in die eigentliche Gruppendiskussion. Dabei werden Auffassungen und Urteile miteinander konfrontiert, die ganz neue Gesichtspunkte vorbereiten. Der Gruppenbetreuer muß hier dafür sorgen, daß dieser Schritt nicht endlos weitergeht, aber genügend Verarbeitung beinhaltet, um den nächsten Schritt zu wagen.

Der vierte Schritt fängt mit einer Pause an, in der man zur Ruhe kommt, Abstand nimmt und das Neue in sich aufkommen läßt. Wichtig ist, daß man dies als für sich Neues erlebt. Ebenso ist wichtig, daß es von den Mitgliedern der Gruppe als solches respektiert wird.

Diese Gruppenübung hat folgende Vorteile:

- Man lernt den Lernprozeß zu verstehen, zu verbessern und kann ihn auf die Dauer auch für sich selbst anwenden.

- Man entdeckt, daß Gruppenarbeit, richtig geführt, beträchtlich zum Lernen beitragen kann.

- Für einen eventuell außerhalb der Gruppe mithörenden Referenten ist es auch ein schöner Lernprozeß! Er erfährt, oft zum ersten Mal, wie der eigene Vortrag auf die Teilnehmer wirkt und was damit gemacht wird. Für mich war es jedenfalls ein gesundes Stück Selbsterkenntnis.

17.2. Das «Landschaftsverfahren»

Ein befreundeter Ausbilder erzählte aus seinen Erfahrungen folgendes: Ein jeder seiner Seminarteilnehmer trägt in sich eine «innere Landschaft», die aus all seinen Lern- und Lebenserfahrungen komponiert ist. Die Landschaft zeigt unzählige Variationen einzelner Teile, Farben, Wetterqualitäten, Berge, Täler, Flüsse usw., ist aber doch ein Ganzes, weil er das alles in sich trägt.

Wenn der Ausbilder da nun etwas ganz Neues hineinbringt, zum Beispiel Urbilder aus der Geisteswissenschaft oder neue Menschenbilder, kann das die mehr oder weniger ausbalancierte Landschaft beträchtlich stören. Stürme, Vulkanausbrüche, Hoch- und Tiefdruckgebiete – alles Mögliche tritt auf.

Nun hat sich der Ausbilder vorgenommen, dieses Vorgehen als Lernprozeß zu begleiten, und geht auf folgende Art vor:

1. Nach einer Vorbereitung beschreibt jeder Teilnehmer so gut wie möglich, wie seine innere Landschaft eigentlich aussieht, wie er den Weg darin findet und was für Fragen dabei in ihm leben.

Der Teilnehmer erlebt seine Beschreibung als eine Art Einatmen, was in ihm ist, und als Ausatmen, wenn er es in bezug auf andere beschreibt. Es läßt sich denken, daß dabei auch künstlerische Mittel gebraucht werden können.

2. Der Ausbilder bringt jetzt eine Anzahl neuer Konzepte, die ihren Platz in der «Landschaft» finden müssen. Die Konfrontation alter und neuer Elemente löst einen Wärmeprozeß aus. Die bewußte Reibung von Alt und Neu befeuert.

3. Jetzt schreibt jeder Teilnehmer einen Aufsatz, in dem er angibt, was im zweiten Schritt passiert ist und was es alles für ihn bedeutet – eine fragende, kritische, auswertende Beobachtung. Der Aufsatz wird an den Ausbilder gegeben, der seinen Kommentar auf dem Aufsatz notiert. Für die Teilnehmer bedeutet dieser Schritt eine Verdauung und Verarbeitung.

4. Die Aufsätze werden jetzt in Gruppen von fünf Teilnehmern gründlich diskutiert. Dabei versucht man, gemeinsam neue Gesichtspunkte zu finden. Diese Diskussionen werden von den Teilnehmern als kritischer Punkt des ganzen Lernvorganges erlebt.

5. Jeder Teilnehmer muß jetzt bei sich selbst den Konsequenzen dieser Diskussion nachgehen und dabei entscheiden, was für ihn zu tun ansteht. Er fällt die Entscheidung für seinen nächsten Lernschritt und bespricht das mit dem Ausbilder.

6. Der Teilnehmer setzt die Entscheidung in die Tat um.

7. Am Ende wird gemeinsam gründlich ausgewertet, was man dabei gelernt hat, wobei oft noch viele neue Gesichtspunkte entstehen.

Bei dieser Prozedur fällt die Abwechslung von individueller Arbeit, Gruppenarbeit und Beiträgen des Ausbilders auf. Auch der «Landschafts»-Vorgang am Anfang schafft einen ganz anderen Prozeß, ebenso ist die Betonung von «Lernen zu lernen» kennzeichnend. Das zeigt, daß man sich noch viele Variationen dieses siebengliedrigen Lernprozesses vorstellen könnte.

18.
Schlußbetrachtung

Hinter der üblichen Art, Wissensvermittlung zu praktizieren und praktische Fertigkeiten einzuüben, und dem, was in diesem Buch versucht wurde, verbirgt sich ein regelrechter Geisteskampf. Im weitaus größten Teil unserer Ausbildungsstätten werden junge Menschen gezwungen, unverarbeitetes, unverstandenes Wissen in ihre Seele aufzunehmen und dabei zu glauben, daß es Wirklichkeit sei. Außerordentlich viel pragmatisch orientiertes Üben wird vorgeschrieben, wobei man gar nicht merkt, wie man konditioniert wird. Wer viel mit Studenten gearbeitet hat, weiß, was für ein unterschwelliger Haß gegen das universitäre System unter ihnen lebt, denn die menschlichen Qualitäten werden ganz oder weitgehend außer acht gelassen. Eine gesunde Erwachsenenbildung sollte gerade diese Mitte unseres Wesens immer als den Ansatzpunkt betrachten, von der aus man die beiden Pole von Wissen und Können erst vermenschlichen kann. Das ist aber eine wesentlich andere Auffassung vom Lernprozeß des Erwachsenen. Lernen heißt dann, sich zu verändern, sich zu verwandeln, sich zu entwickeln, ja immer mehr Mensch zu werden. Die andere Auffassung sieht den Menschen doch mehr als auszubildendes Instrument. Instrument wofür? Instrument für wen?

Ein Ausblick auf die Zukunft erscheint am Ende dieses Buches angemessen. Die eigentlichen Nöte der Welt werden immer mehr zunehmen. Ideen zur Beantwortung dieser Nöte müssen und werden gefunden. Aber es wird immer weniger Menschen geben, die die Fähigkeiten haben, den Fragen wirklich ins Auge zu schauen und Antworten zu finden. Denn die Fortschritte der Zukunft werden an den Menschen gebunden sein. Neue Lösungen verlangen neue Fähigkeiten. Damit hat Erwachsenenbildung den Schlüssel der Zukunft in der Hand.

Das 20. Jahrhundert hat uns eine neue Erziehung der Kinder gegeben, obwohl sich auch hier zeigt, daß deren Weiterentwicklung von genügend richtig ausgebildeten Lehrern abhängig ist, von denen neue Fähigkeiten verlangt werden.

Das 21. Jahrhundert aber wird nach einer neuen, zeitgemäßen Erwachsenenbildung verlangen, sonst wird es keinen wirklichen Fortschritt geben. Alles Technologische wird doch immer mehr davon abhängen, wie es von Menschen gehandhabt wird.

Neben den Nöten der Welt gibt es die Nöte der Menschen, die auch immer mehr zunehmen werden. Wie in diesem Buch bereits angedeutet wurde, ist die menschliche Seele so bedroht, daß man ohne innere, geistige Schulung den Lebensansprüchen innerlich und äußerlich nicht mehr gerecht werden kann. Lernen ohne geistige Schulung ist deshalb schon heute nicht mehr ausreichend. Damit zeigt sich, daß im nächsten Jahrhundert die Erwachsenenbildung für jeden gefordert wird, und zwar durch das ganze Leben hindurch.

Erwachsenenbildung wird somit der Engpaß für einen heilsamen Fortschritt von Mensch und Menschheit werden. Dieses Buch ist der Versuch eines ersten Schrittes, eine Grundlage für Erwachsenenbildung als neuen, eigenständigen Beruf zu schaffen. Mögen diesem ersten Schritt noch viele folgen!

Ein grundsätzlicher Ausgangspunkt ist die Synthese der drei Lernwege, die in Kapitel 3 beschrieben wurden. Das Lernen *für* das Leben, das Lernen *durch* das Leben und das Lernen, in der Realität der geistigen Welt zu leben, dürfen kein Nebeneinander oder Nacheinander sein, sondern diese drei Wege zusammen sollen von Anfang an einer neuen Erwachsenenbildung zur Geburt verhelfen, die die Universität der Zukunft darstellt.

In lang vergangenen Zeiten nannte man die Orte des Lernens Mysterienschulen, zu denen man von weither reiste und von denen einige noch heute bekannt sind. Dort lebte diese Einheit der drei Lernwege allerdings unter ganz anderen Bedingungen. Die letzte Schule, die noch einen Abglanz davon hatte, war die Schule von Chartres, in der die sieben freien Künste zusammen eine Art Einweihungsweg ermöglichten (siehe Kapitel 6). Die Universität der Zukunft wird die Würde des Menschen in seinem Wissen und Können wieder respektieren müssen, allerdings auf eine ganz neue Art.

Lernen für das Leben, lernen durch die Schicksalskräfte und geistige Schulung werden einander ganz durchdringen und gegenseitig befruchten. Dafür muß aber in erster Linie der menschliche Wille geweckt werden, diesen Weg zu gehen – der freie Wille, der in unserer technischen Kultur immer mehr geschwächt wird. Unser Wissen ist ein Endresultat, der jugendliche Wille aber hat die Zukunft vor sich. Eine Erwachsenenbildung, die es unserem Ich ermöglicht, diesen Willen zu erwecken, wird verlangt: Erwachsenenbildung als Willenserweckung!

Anhang I

Künstlerische Tätigkeit
in der Erwachsenenbildung

*Von Marlies Rainer, Dozentin für «Kunst im Sozialen» /
Kulturpädagogik, Alanus Hochschule, Alfter*

Wirkung der Kunst

Jeder, der künstlerisch tätig ist, erlebt, daß dies wohltuend, erneuernd und anregend wirkt. Oft ist es nicht nur der Wunsch, ein Kunstwerk hervorzubringen, sondern diese Kraft zu erleben, die Menschen künstlerisch aktiv werden läßt.

Auf den Betrachter, Zuschauer oder Zuhörer wirkt ein Kunstwerk auf unterschiedliche Weisen. Musik spricht etwas anderes im Menschen an als die bildende Kunst. In der zeitgenössischen Kunst wird häufig das Werk erst vollständig durch die Anstrengung des Betrachters, der sich darauf einläßt, in Ruhe etwas aufzunehmen. Aber nicht nur vollendete Werke berühren uns; gerade im schöpferischen Tun passiert etwas, findet eine innere Verwandlung statt.

Am Beginn steht ein Impuls, die Begegnung mit einem bestimmten Material, eine Anregung von außen – eine Impression wird aufgegriffen, und der Wunsch, damit zu gestalten, wird wach. Oder ein inneres Erlebnis ist so stark, daß es auf eine künstlerische Umsetzung – eine Expression – hin drängt.

Der Prozeß, der nun beginnt, hat verschiedene Phasen, die unterschiedliche Haltungen und Vorgehensweisen verlangen. Will man zum Beispiel ein Bild malen, sind da zunächst die leere Leinwand und verschiedene Farben und meist nur eine vage Ahnung von dem, was entstehen soll oder kann. Nun gilt es, einen mutigen Schritt zu tun und unbefangen zu beginnen.

Danach schließt sich eine Phase des Arbeitens an, die spielerisch sein kann, aber dennoch Aufmerksamkeit verlangt. Während des Tuns gibt man sich ganz dem Erlebnis hin, um dann aber wieder mit Abstand zu betrachten, was entstanden ist. In diesem Wechsel

189

von aktivem Tun und aufmerksamem Anschauen ist der ganze Mensch gefordert.

Während der Wille im Tun aktiv ist, hat das distanzierte Betrachten eher kognitiven Charakter. Der Wechsel zwischen beidem ist wie ein Atem, der von starken Empfindungen begleitet wird.

Schließlich kommt ein Moment, in dem plötzlich ein Gegenüber da ist, mit dem es nun gilt, in einen Dialog zu treten. Etwas kommt aus dem Bild entgegen, was neu ist und entdeckt werden kann. Entscheidungen stehen an. Will man dies als Motiv aufgreifen, oder ist es noch nicht das, was man vielleicht gesucht hat? Ist es nur eine unbedeutende Assoziation, oder drückt sich etwas aus, was wert ist, hervorgehoben zu werden? Im Abwägen, Tasten und Empfinden kommt man schließlich zu einem ästhetischen Urteil.

Auch der Zeitpunkt der Entscheidung, wann etwas «fertig» ist, läßt sich kaum festlegen und muß individuell abgespürt werden.

Insgesamt fordert dieser Vorgang eine hohe Sensibilität, Wahrnehmung des Ganzen aus dem Überblick, Mut, Ausdauer, Entscheidungskraft, Beweglichkeit, Geduld, Einfühlungsvermögen, Veränderungsbereitschaft, die Fähigkeit, sich zurückzunehmen und die «Sache» sprechen zu lassen, um zu einem anschauenden Urteil zu kommen.

Einsatz künstlerischer Mittel

Es können so Fähigkeiten geübt werden, weil sie in der Tätigkeit gefordert sind. Am Widerstand wird etwas ausgebildet, was man noch nicht kann. So liegen im künstlerischen Tun viele Möglichkeiten der Förderung der persönlichen Entwicklung.

In der Waldorfpädagogik beispielsweise hat das künstlerische Üben die Aufgabe, die Entwicklung des Kindes zu fördern. Beim Erlernen eines Instrumentes z.B. geht es nicht in erster Linie darum, zukünftige Musiker auszubilden, sondern den heranwachsenden Menschen in seiner Entwicklung zu unterstützen.

In vielen Kliniken wird die künstlerische Therapie in verschiedensten Formen eingesetzt, um den Heilungsprozeß zu unterstützen, Verhärtungen zu lösen und Entzündungsprozesse zu beruhigen. Dabei wirken Musiktherapie, Heileurythmie, plastische und malerische Therapie ganz unterschiedlich und werden in Absprache mit dem Arzt ausgewählt.

Einseitige Tätigkeiten, bei denen vielleicht nur die intellektuelle oder physische Seite des Menschen angesprochen wird, können durch künstlerisches Tun, in dem der ganze Mensch gefordert ist, einen heilenden Ausgleich erfahren.

So kann es auch in sozialen Zusammenhängen und für gesellschaftliche Gestaltungsfragen verlebendigend wirken. Es gibt den ganzen kulturpädagogischen Bereich außerschulischer künstlerischer Projekte und Angebote für alle Altersgruppen; darüber hinaus aber auch besondere Situationen, wie z.B. die Arbeit mit Menschen im Gefängnis, in denen ein engagierter Künstler Wunder bewirken kann, weil die Menschen den Glauben an ihre eigenen Möglichkeiten aufgegeben haben.

Schließlich ist da noch der immer größer werdende Bereich der Weiter- und Fortbildung, des «institutionalisierten» Lernens für Erwachsene, in dem vielfältige Formen der künstlerischen Seminarbegleitung durchgeführt werden, auf die unten noch näher eingegangen wird.

Der Erwachsene kann, wenn er sich seines eigenen Lernprozesses im Leben und für seine innere Entwicklung bewußt ist, natürlich künstlerisch aktiv werden, um an Defiziten und Schwächen zu arbeiten.

Unterstützung des Lernprozesses

Ausgehend von den sieben Stufen des Lernprozesses beim Erwachsenen gibt es viele Möglichkeiten, wie diese Schritte durch künstlerisches Tun unterstützt werden können.

Es wurde schon geschildert, daß in der Kunst die Wahrnehmung eine große Rolle spielt. Hier bieten sich vielfältige Übungen an, die Sinne zu verlebendigen und die Wahrnehmung zu sensibilisieren. Um in einen künstlerischen Prozeß hereinzukommen, muß man sich tief mit der zu gestaltenden Sache verbinden und sich immer wieder erwärmen, damit wirklich etwas Neues entstehen kann.

Dabei kann natürlich auch eine Art «Verliebtheit» in das Hervorgebrachte entstehen, die dann eine Abkühlung erfahren muß.

Nachdem so eine starke Verbindung da ist, wird deutlich, wie wichtig dann das «Verdauen» – nämlich die Auseinandersetzung mit dem Entstandenen – ist. Individualisieren bedeutet Abstand nehmen, das Wesentliche suchen, bereit sein, etwas aufzugeben, zu reduzieren, das Motiv finden.

Dies muß dann erhalten werden im Üben, im Hineinstellen in einen Zusammenhang, der es unterstützt – z.B. die Gestaltung des Umfeldes bei einem Bild.

Indem nun dieser Prozeß wieder und wieder durchlaufen wird, wachsen die Fähigkeiten, die sich zunächst auf die Gestaltung des Werkes beziehen, es wachsen aber auch Geduld, Ausdauer, Entscheidungsfähigkeit und anderes, das oben genannt wurde. Schließlich wird die Lernbereitschaft zu einer Lebenshaltung, und die Gestaltungskompetenz wächst.

Orientiert sich eine Aus- oder Weiterbildung bewußt an den Schritten des Lernprozesses, können Lernblockaden mit künstlerischen Mitteln bearbeitet werden.

Ganz konkret lassen sich auch einzelne Themen im Künstlerischen aufgreifen und ins Erlebnis bringen. Immer geht es dann darum, das Urbild, die Gebärde einer Situation oder Frage zu finden und aus der unendlichen Fülle künstlerischer Möglichkeiten entsprechende Aktivitäten auszuwählen. Zur Zeit werden zum Beispiel im Rahmen betrieblicher Restrukturierungsprozesse häufig Themen wie Kommunikations- und Kooperationsfähigkeit oder Kundenorientierung u.ä. in Mitarbeiterfortbildungsseminaren angeboten. Für die dafür nötigen Fähigkeiten lassen sich viele künstlerische Aktivitäten finden, in denen die Problematik erkannt und auch Neues erprobt werden kann.

Jeder Mensch zeigt in dem, wie er etwas macht, wie er handelt, ein Stück seiner Persönlichkeit. Ob er impulsiv, ungeduldig, zurückhaltend, entschlossen, einfühlsam usw. ist, wird im Handeln sichtbar. Künstlerisches Tun ist Handeln und kann so ein Stück Selbsterfahrung und damit Selbsterkenntnis, aber auch Erfahrung mit anderen Menschen bedeuten. Geht es zum Beispiel um das Erlernen von Teamfähigkeit, wird man möglicherweise einen gemeinsamen künstlerischen Gestaltungsprozeß in einer Gruppe durchführen und damit das ganze Konfliktpotential auf dem Tisch haben. Nun geht es darum, dies wiederum zu verarbeiten und zu Erkenntnissen zu kommen. Wird der Entwicklungs- oder Verbesserungstrieb geweckt, können eine ganze Reihe von Übungen beginnen, in denen eine Gruppe sich weiterbildet.

Voraussetzungen für den Einsatz künstlerischer Übungen

Wird in der Erwachsenenbildung künstlerisch gearbeitet, sollte sich derjenige, der diese Aktivitäten arrangiert und begleitet, auskennen. Das heißt einerseits die Gruppe einschätzen können, Alter, Bildungsstand, anstehende Fragen und Themen, und andererseits muß er sein Medium kennen. Wird gemalt, sollte er aus eigener Erfahrung wissen, wie das Malen wirkt. Natürlich kann man nicht in allen Künsten zu Hause sein, obwohl eine gewisse Vielfalt nötig ist, um wirklich in jeder Situation das entsprechende Mittel zu finden.

Dies kann man nicht aus einem fertigen Rezeptbuch entnehmen, sondern verlangt von dem, der dies für einen Lernzusammenhang verantwortet, Kreativität. Indem eine künstlerische Aktivität für einen ganz bestimmten Zusammenhang so durchgeführt wird, daß die Menschen in ihrem Lernprozeß unterstützt werden, entsteht vielleicht «soziale Kunst».

Die Zusammenarbeit von Dozenten mit unterschiedlichen Schwerpunkten, die sich ergänzen, miteinander absprechen, einen Kurs gemeinsam «komponieren», ist ein Ideal.

Anhang II

Ein Anwendungsbeispiel:

Das Lernen lernen – ein Wochenendseminar für zukünftige Waldorflehrer

Von Robert Hell, Südbayerisches Seminar für Waldorfpädagogik, München

Das Südbayerische Seminar für Waldorflehrer, 1990 gegründet, bietet eine dreijährige waldorfpädagogische Fortbildung für ausgebildete Lehrer. In den ersten beiden Jahren ist sie berufsbegleitend; das dritte Jahr wird als sogenanntes Praxisjahr an einer der südbayerischen Waldorfschulen geleistet.

Das Kursleiterkollegium – alles tätige Waldorflehrer – kam bald zu der Erkenntnis, daß die Fortbildung sich stärker an den Prinzipien der Erwachsenenbildung orientieren sollte, und bat C. van Houten um die Durchführung von zwei Einführungsseminaren. Sein Angebot war ganz auf die Bedürfnisse der Kursleiter abgestimmt, die sich nicht nur in die Fragen der Erwachsenenbildung einarbeiten, sondern auch ihre eigenen Lernmöglichkeiten und - hemmungen (Blockaden) kennenlernen wollten. Nach diesen Seminaren, die im Jahresabstand durchgeführt worden waren, beschloß die Kursleiterkonferenz, zu Beginn des neuen Seminarjahres im Herbst 1994 einen eigenen Wochenendkurs mit dem Thema «Das Lernen lernen – Aspekte des Erwachsenenlernens» für alle Kursteilnehmer durchzuführen.

Dies hier ist ein Kurzbericht darüber.

Die Ziele:

– Die Veranstaltung sollte seminaristisch sein, das heißt die Eigentätigkeit der Teilnehmer möglichst stark anregen.

– Das Seminar sollte das Bewußtsein für das Wesen des Erwachsenenlernens wecken und so eine neue, erwachsenengemäße Lern- und Arbeitshaltung bei den Teilnehmern ermöglichen.

– Das Seminar sollte ein Lern- und Arbeitsfeld für die Kursleiter auf dem Gebiet der Erwachsenenbildung darstellen.

Das Programm:

Freitag:

– Einführung und Kurzvortrag über das Grundkonzept der Erwachsenenbildung

– Lerngruppen

Samstag:

– künstlerische Einführung (Bewegung, Rhythmus, Töne; Ziel: Förderung der gegenseitigen Wahrnehmung, Anwärmung für die Gruppenarbeit)

– Rückblick auf den Vorabend: Rückmeldungen aus den Lerngruppen

– darauf basierend: Kurzvortrag zum Lernprozeß

– individuelle Lerndiagnose

    a) einzeln

    b) Austausch in Kleingruppen

– Plenum: Austausch der Erfahrungen, Auswertung der gemeinsamen Arbeit
(Pausen sind in dieser Darstellung nicht berücksichtigt.)

Anmerkungen zur Durchführung und zum Inhalt:

In der Begrüßung wurden die Teilnehmer daran erinnert, daß jede menschliche Begegnung ein Wagnis sei, da es die grundlegende Gefahr des Scheiterns in sich trage, die nur durch das ernsthafte Bemühen, wirklich zuzuhören, gemindert werden könne.

Der Leiter des Wochenendkurses führte dann die Teilnehmer zurück in ihre eigene Lernbiographie: die ersten Erfahrungen an Schulen, Universität, Erwachsenenkursen usw., wobei er eindringlich an die Eindrücke, die sie am Anfang der Schulzeit in den Klassen und mit den Lehrern hatten, an die Gerüche und andere Sinneseindrücke erinnerte, so daß diese innerlich wieder lebendig wurden.

Er stand dann auf – bis dahin hatte er gesessen, als Ausdruck der Gleichwertigkeit von Kursleiter und -teilnehmer – und ging wie ein «richtiger» Lehrer auf und ab, wobei er anmerkte, daß er nun auch einige Anwesende aufrufen könnte …

Dann wies er aber darauf hin, daß die Gefühle, die er soeben wachgerufen hatte – und daß diese in der Tat sehr intensiv waren, bestätigten zahlreiche Teilnehmer in der Auswertung des Kurses –, zeigten, wie tief geprägt wir für das ganze Leben in unseren Lernrollen und -gewohnheiten durch die frühen Erfahrungen sind.

Er machte sodann deutlich, daß es bei Erwachsenen das Ich sei, das an die Stelle des Lehrers treten müsse, und daß es deshalb auch in der eigenen Verantwortung der Kursteilnehmer liege, was und wie sie lernen – auch und gerade in dem Augenblick, in dem er zu ihnen sprach –, und daß sie aus dieser Eigenverantwortung heraus aufgerufen seien, in ihren Jahreskursen zu arbeiten.

Das Lernen werde dort auf drei Ebenen stattfinden:

a) auf der Lernebene als Vorbereitung für die Arbeit an Waldorfschulen, Anthroposophie und Waldorfpädagogik betreffend

b) auf der biographischen Ebene, den eigenen Lebensgang betreffend und die Motive, Waldorflehrer zu werden

c) auf der geistigen Ebene, wo der Schulungsweg angeregt werde.

Wo und wann kann Erwachsenenlernen beginnen? Muß es nicht dann beginnen, wenn wir erkennen, daß unsere alten Kompetenzen versagen, wir mit unserem Latein am Ende sind, und wenn neue Fähigkeiten notwendig sind, in Krisenmomenten des Lebens also? Stellen wir aber dann nicht oft Ohnmacht und Lähmung fest? Fluchtgedanken?

In diesen Krisen, die sich meist ab der Lebensmitte einstellen, ergibt sich die Frage: Wie können wir lernfähig werden? Wie können wir als Erwachsene unseren Willen zu lernen wecken?

Soweit einige Grundgedanken aus dem Einführungsreferat.

Die Teilnehmer gingen dann in ihre Lerngruppen (ca. acht Teilnehmer) mit folgenden vier Aufgaben, die sie in der gegebenen Reihenfolge bearbeiten sollten, wobei ein Beobachter in jeder Gruppe ihre Durchführung sicherstellen sollte:

a) Rekonstruieren Sie, was Sie während des Vortrages wahrgenommen haben (Aussagen und Handlungen des Vortragenden, nicht die eigenen Gefühle!). Verzichten Sie dabei auf persönliche Kommentare wie «Ich meine, ich war begeistert von …» usw.

b) Teilen sie mit – einer nach dem anderen –, was Sie gefühlsmäßig angerührt hat (Was hat Sie gestört? Was war unangenehm, interessant usw.?). Ohne Diskussion.

c) Setzen Sie sich frei und kritisch mit dem Vortrag auseinander. Was war wichtig / unwichtig? Widersprüchlich? Was hat Sie angeregt? Welche Fragen sind entstanden?

d) Gestatten Sie ca. fünf Minuten Stille, in der Sie zu einer persönlichen Frage, Anregung, Idee, Einsicht usw. kommen. Notieren Sie sie in einem Satz. Lesen Sie diesen vor. Keine Diskussion.

(Ende ca. 21.30 Uhr.)

Nach der künstlerischen Einleitung begann der Samstagmorgen damit, daß die Beobachter aus den Lerngruppen berichteten. Dieser Schritt erfüllte folgende Funktionen:

a) Die Teilnehmer konnten sich noch einmal bewußt werden, wie sie mit den Aufgaben umgegangen waren; Inhalte und Prozesse wurden erinnert.

b) Die Berichte konnten zeigen, wie der Vortrag aufgenommen worden war und wo es eventuell Mißverständnisse gegeben hatte.

c) Die Berichte würden eine Menge Beispiele von Lernblockaden bieten.

d) Die Nacht als «Lernfeld» konnte erfahren und thematisiert werden.

e) Jeder hatte die ersten vier Schritte des Lernprozesses erlebt und vollzogen, bevor dieser als Ganzes dargestellt wurde.

Der Freitagabend war für die Teilnehmer ein unerwartetes Erlebnis. Sie waren überrascht, manche sogar verärgert darüber, daß von ihnen Eigentätigkeit verlangt wurde.

Die Konfrontation mit frühen Schulerlebnissen und einem Referenten, der «Lehrer spielte», war eine starke emotionale Erfahrung – für manche so stark, daß sie für das, was sie als Theorie bezeichneten, nicht offen waren; sie hätten sich mehr Zeit gewünscht, um in dem Erleben zu verweilen. Für eine der Lerngruppen waren die Arbeitsanweisungen nicht deutlich genug; eine andere hatte das Gefühl, nicht genug Zeit zum «Verdauen» zu haben. Die meisten jedoch waren begeistert und beeindruckt von dem unkonventionellen Einstieg in die Arbeit und fühlten sich zum Tun angeregt.

Für alle (auch die «Unzufriedenen») hatte die Nacht bewirkt, daß sie den Vorabend nüchtern betrachten und Probleme als konkret erlebte Barrieren im Lernprozeß nüchtern anschauen konnten.

In einem kurzen Referat wurde der siebenstufige Lernprozeß dann mit folgenden Schwerpunktsetzungen dargestellt:

– als eine Reihe von Schritten, die aufeinander aufbauen

– als Diagnosemittel zur Entdeckung der eigenen möglichen Lernblockaden

– anhand verschiedener Beispiele.

Im Anschluß gab es ein kurzes (ca. zwanzigminütiges) Gespräch, in welchem die Vielschichtigkeit des Lernprozesses deutlich gemacht wurde. Durch die bisher gemeinsam geleistete Arbeit war trotz der großen Teilnehmerzahl (ca. 85 Menschen) eine sehr konstruktive und überraschend warme und offene Atmosphäre entstanden.

Die individuelle Lerndiagnose war dann eine logische Fortführung des Arbeitsprozesses.

Im Schlußplenum waren die Teilnehmer gebeten, schwerpunktmäßig auf die Begegnungsqualitäten des Wochenendes und auf die Wirkung des künstlerischen Tagesbeginns zu blicken.

Insgesamt zeigte sich, daß alle Beteiligten sich deutlich auf ein gemeinsames Lernen hinbewegt hatten – kurz, daß das Lehrerseminar in München zu einem Ort des Erwachsenenlernens geworden ist.

Anmerkungen

1 Hochschule und öffentliches Leben, in: Rudolf Steiner, *Gesammelte Aufsätze zur Kultur- und Zeitgeschichte 1887 – 1901*, Gesamtausgabe Bibl.-Nr. (= GA) 31, S. 301 ff., Dornach ²1966.

2 Gehalten in Karlsruhe, 18. Januar 1909. Einzelausgabe, Dornach 1985.

3 F. W. Zeylmans van Emmichoven, *Die menschliche Seele*, Stuttgart: Verlag Freies Geistesleben 1995.

4 Rudolf Steiner, *Das Rätsel des Menschen. Die geistigen Hintergründe der menschlichen Geschichte*. 15 Vorträge, gehalten in Dornach vom 29. Juli bis 3. September 1916, GA 170, Dornach ³1992.

5 Ebd., S. 112 – 116.

6 Christof Lindenau, *Der übende Mensch. Anthroposophie-Studium als Ausgangspunkt moderner Geistessschulung*, Stuttgart ²1983.

7 Siehe z.B. Rudolf Steiner, *Anweisungen für eine esoterische Schulung. Aus den Inhalten der «Esoterischen Schule»*, GA 245, Dornach ⁵1979.

8 Bernard Lievegoed, *Schulungswege. Der Weg des einzelnen und der Weg in karmischer Gemeinschaft*, Dornach 1992. Die erwähnten Vorträge Rudolf Steiners: *Das Initiaten-Bewußtsein. Die wahren und die falschen Wege der geistigen Forschung*, GA 243, Dornach ⁵1993.

9 Vgl. z.B. Bernard Lievegoed, *Lebenskrisen – Lebenschancen. Die Entwicklung des Menschen zwischen Kindheit und Alter*, München ⁸1991.

10 Siehe dazu Rudolf Steiner, *Esoterische Betrachtungen karmischer Zusammenhänge. Zweiter Band*, GA 236, Dornach ⁶1988.

11 Siehe Anm. 3.

Literatur

Johann Valentin Andreae, *Chymische Hochzeit. Chistiani Rosenkreutz*, Calwer Verlag, ³1981.

Thomas Göbel, *Die Quellen der Kunst. Lebendige Sinne und Phantasie als Schlüssel zur Architektur,* Dornach 1982.

Christof Lindenau, *Der übende Mensch. Anthroposophie-Studium als Ausgangspunkt moderner Geistesschulung,* Stuttgart ²1983.

Yehudi Menuhin, *Kunst und Wissenschaft als verwandte Begriffe. Versuch einer vergleichenden Anatomie ihrer Erscheinungsweisen in verschiedenen Bereichen menschlichen Strebens,* Frankfurt/M. 1960.

Jörgen Smit, *Der Ausbildungsalltag als Herausforderung,* Dornach 1989.

Rudolf Steiner, *Das Ereignis der Christus-Erscheinung in der ätherischen Welt,* Gesamtausgabe Bibl-Nr. (= GA) 118, Dornach ³1984.

–   *Gesammelte Aufsätze zur Kultur- und Zeitgeschichte 1887 – 1901,* GA 31, Dornach ²1989.

–   *Das Initiaten-Bewußtsein. Die wahren und die falschen Wege der geistigen Forschung,* GA 243, Dornach ⁵1993.

–   *Meditative Betrachtungen und Anleitungen zur Vertiefung der Heilkunst,* GA 316, Dornach ³1987.

–   *Das Rätsel des Menschen. Die geistigen Hintergründe der menschlichen Geschichte,* GA 170, Dornach ²1978.

Matthias Wcis, *Biographiearbeit und Lebensberatung,* Stuttgart 1992.

F. W. Zeylmans van Emmichoven, *Die menschliche Seele,* Stuttgart 1995.

Hier sind nur die in diesem Buch genannten und direkt verwendeten Werke angegeben. Insgesamt wurde natürlich viel umfangreichere Literatur herangezogen.

Bücher zur Biographiearbeit

Gudrun Burkhard

Das Leben in die Hand nehmen

Arbeit an der eigenen Biographie
238 Seiten, kartoniert.
«Es ist leicht vorauszusehen, daß diese Veröffentlichung zu einem
Muß für die praktisch-therapeutische emanzipatorische Strömung
innerhalb der Anthroposophie werden wird.»
Das Goetheanum

George und Gisela O'Neil

Der Lebenslauf

Lesen in der eigenen Biographie
Herausgegeben und mit einem abschließenden Kapitel
versehen von Florin Lowndes. Aus dem Amerikanischen
von Bettine Braun.
398 Seiten, gebunden mit Schutzumschlag mit einer beigelegten
farbigen Falttafel.

Bernard Lievegoed

Der Mensch an der Schwelle

Biographische Krisen und Entwicklungsmöglichkeiten.
Aus dem Niederländischen von Frank Berger
240 Seiten, kartoniert.

Verlag Freies Geistesleben

Zum Schulungsweg der Anthroposophie

Frans Carlgren

Der anthroposophische Erkenntnisweg

Eine Einführung
Aus dem Schwedischen von E. Mörgeli-Wrangsjö
210 Seiten, kartoniert.

Erhard Fucke

Das anthroposophische Studium

Seine Bedeutung für den Schulungsweg
87 Seiten, kartoniert.

Christof Lindenau

Der übende Mensch

Anthroposophie-Studium als Ausgangspunkt
moderner Geistesschulung
128 Seiten, kartoniert.

Christof Lindenau

Im Grenzgang zu erringen

Zur Übungs- und Arbeitsweise geistiger Forschung
268 Seiten, kartoniert.

Verlag Freies Geistesleben

Veröffentlichungen der Gesellschaft für
Ausbildungsforschung und Berufsentwicklung e.V.

Michael Brater / Ute Büchele /
Hans Herzer

Eurythmie am Arbeitsplatz

Die soziale Wirksamkeit künstlerischen Tuns –
Erfahrungen aus einem Industriebetrieb
176 Seiten mit 30 Abbildungen, kartoniert.

Mechthild Reuter-Herzer /
Albert Engelsmann / Michael Brater

Künstler in sozialen Arbeitsfeldern

Aufgaben – Anforderungen – Ausbildung
160 Seiten, kartoniert.

Michael Brater / Ute Büchele /
Erhard Fucke / Gerhard Herz

Künstlerisch handeln

Die Förderung beruflicher Handlungsfähigkeit
durch künstlerische Prozesse
176 Seiten, kartoniert.

«Hier liegen Aussagen vor, die das Nachdenken über ‹Berufsfähigkeiten›, ‹Schlüsselqualifikationen› … genauso aus der Sackgasse
führen können, wie sie Überlegungen zum Lernprozeß bis in
Fachdidaktiken hinein neue Impulse geben können.»

Philologenverband Stuttgart

Verlag Freies Geistesleben